我
思

敢于运用你的理智

A PHILOSOPHICAL INQUIRY

Truth and Existence

真理与存在

哲学的探索

〔美〕迈克尔·哥文 著　　周建漳 译

长江出版传媒 | 崇文书局

图书在版编目（CIP）数据

真理与存在 /（美）迈克尔·哥文著 ；周建漳译 .
武汉 ：崇文书局，2024. 7. --（崇文学术译丛）.
ISBN 978-7-5403-7649-9

Ⅰ. B023.3

中国国家版本馆 CIP 数据核字第 2024FW3194 号

Michael Gelven
Truth and Existence: A Philosophical Inquiry
The Pennsylvania State University Press, University Park, Pennsylvania

本书据宾夕法尼亚州立大学出版社 1990 年版译出

真理与存在
ZHENLI YU CUNZAI

出版人 韩 敏
出　　品 崇文书局人文学术编辑部·我思
责任编辑 黄显深(bithxs@qq.com)
装帧设计 书与设计工作室｜兆予文
责任印制 李佳超
出版发行 长江出版传媒｜崇文书局
地　　址 武汉市雄楚大街 268 号 C 座 11 层
电　　话 (027)87677133 邮政编码 430070
印　　刷 武汉中科兴业印务有限公司
开　　本 880㎜×1230㎜ 1/32
印　　张 8.625
字　　数 201 千
版　　次 2024 年 7 月第 1 版
印　　次 2024 年 7 月第 1 次印刷
定　　价 68.00 元

(读者服务电话：027—87679738)

献给 *Annette Mumma* 和 *Tom Schall*

致 谢

因为真理必须被承认而承认通常包含感谢，我很高兴能对我的诤友赫门·斯塔克（Herman Stark）表示感谢，他各种方式的帮助让这一研究激动人心、诚挚并得以可能。

兰登书屋有限公司慨允引用奥登（W. H. Auden）的诗《语词》（*Words*）；英国的引用许可来自伦敦法伯公司。

诺诺（Nono）在田纳西·威廉斯的《鬣蜥之夜》（*Night of the Iguana*, Two Rivers Enterprises, Inc., 1961）中的四行诗句，承蒙纽约新方向出版公司同意引用。

目　录

第一部分　提出问题

第二部分　确立论域

第三部分　探索者

第四部分　世界

第五部分　真理与思想

第一部分　提出问题

一　真理的意义

在我们整个人文与哲学传统中，真理一直被推崇在至上观 3
念之列，值得我们尊敬和热爱。基督教的话语担保我们因真理得自由；苏格拉底被看作献身真理的高尚烈士；中世纪的神学家们将“真理”“至善”“太一”并列为伟大的超验三位一体。彼此对立的理论体系、意识形态、神学派别与信仰体系均宣称真理为自己所有。鉴于我们似乎知道大量并不特别有趣甚至不值得去知道的事实，这样的尊崇显然与复数的真相（truths）——即我们所知道的东西——不相称，而是指向首字母大写且始终是单数的真理（Truth）。尽管真理观念令人神往，但为何真理能令我们得自由，而为它献身者则让我们崇敬，这一点并不完全清楚。即便真理本身是什么意思也非无可争议地一目了然，但即便含义模糊，对它的推崇则是无可置疑的。

一些诗人将真理与作为其图腾的美等量齐观。托尔斯泰写到，在他的所有作品中只有一位理所当然和熠熠发光的英雄，即被热爱的主角真理。济慈告诉我们“美即是真，真即是美”（穆旦译语）；狄金森则让真与美比邻而葬：

我为美而死——几乎还没来得及
安于墓室
一个为真理而死者
被葬在相邻的墓室中

具有如此崇高的声望，真理这个概念值得我们切实关注。但真理为什么有这么高的位阶？说到底，真理的意义何在？

4 一方面，没什么比真理更普通。每个人每天都说出上百个真句子，即使在我们的知识不确定的推测情况下，折取而言也能保证至少百分之五十的主张是真实的；因为不管上帝存在或者不存在，我在这个问题上的无知并不会妨碍其中的一种形上主张为真。似乎任何无处不在的、随手可得的、日常的东西都不应该像基督、苏格拉底、济慈和托尔斯泰赞美的真理那样受到高度评价。另一方面，当我们像这四位那样以崇敬的方式谈论真理时，我们似乎并不是指那些在我们的日常句子中随处可见的东西。“巴黎在伦敦南边”是没错，但它的真却不会令我们得自由，也不会让苏格拉底之死变得崇高，不会令它能与美比肩，更不足以让它与太一、至善等量齐观。看来真理并非充斥坊间的东西，而是珍稀之物。当我们在崇高的意义上（不论崇高在这里作何解）言说真理，我们似乎是将之想成伟大光明或清宁神智的缈远而宏阔的来源，也许甚至非我辈之有限存在所能触及，就像塞壬歌声中应许的奇观美景。抑或在相反的直觉上，真理看上去深藏在事物本身的幽暗中，要以巨大的穿透力或深钻细研来发现。在第一个意象中，真理像天边的太阳，只有于高山之巅才能一瞥其真容；在第二个意象中，它像密藏在岩石深处的些许金子，只有通过矿工般艰苦卓绝的努力才能被开采出来。但不论是在矿工还是在登山者的意象中，尽管经由巨大的努力可以一瞥真理的真容，但真理最终是没法被完全把握的。

那么，真理可以在普通句子中被我们轻易地掌握吗？或者在其仰之弥高的位置上我们无从接近？按第一种说法，它是如此普通，因其大量存在而变得廉价；按第二种说法，其与我们的距离使之与我们中的大多数人无关，所以我们为什么要为它操心？真理要么因太近而变得琐碎，要么是那么远，我们眼不见心不念。不论是哪种情况，它有什么意义？如果真理高远，那它肯定无法单单通过对句子的分析被发现；如果真理是如此罕见，那我们也许压根就不会察觉到它的存在。因此，不如像福斯塔夫（Falstaff）① 的郑重之言，“我将视之如无物”。

但这些想法是荒唐的。真理当然重要。例子太多，在我们脑海中就像日子那样不假思索地不请自来。为什么说真理重要？随手举几个例子。我们要求证人宣誓说真话，只说真话，以确 5
保正义。我们在生物学家身上花大把的钱去热带丛林中寻找病毒的真相，这样我们就能治好我们的疾病。我们教导孩子说真话，这样他会被认为有好品格。这些只不过是真理的三个好处，即便这样，它们也足以显示真理的价值。

我们无疑利用真理以获得这些巨大的好处，而这就是要点所在。我们利用真理，因为我们想要得到别的东西。真理于是成了手段，本身不是目的。通过要求证人如实作证以确保正义，这意味着在我们看来有价值的是正义而非真理。医学真理对我

① 莎士比亚喜剧《亨利四世》中的人物。——译者注（本书英文版无注释，所有注释均为译注，下不另注。）

们的健康有益，因此，重要的是健康，而不是真理。我们的孩子不撒谎，这样他们将被冠以品格优良的名誉，在此要紧的是名誉而不是真话。然而，不论什么只要是作为手段，在排序上就低于其所服务的目的。借用一个比较老的说法，假定真理有其外在价值，它有什么内在价值吗？也就是说，我们可能因真理自身而尊崇它吗？真相也许是真理毫无地位。

将只有工具性价值的东西与具有内在价值者混为一谈，不仅仅是概念之误，并且是应予谴责的道义性错误。我们把忘了钱的价值是用来买东西的人叫守财奴。守财奴把钱当成了本身有价值的东西，像是应该被爱的配偶或孩子。但吝啬从来被当作恶习，守财奴被人鄙视，叫人怜悯。如果真理和金钱一样，只有在能给我们带来更珍贵的东西时才有价值，那将之视为是其自身且因其自身而有价值的东西不但在概念上不对，在道德上也是成问题的。这跟守财奴一样是一种恶习。这是一种哲学的粗鄙，将真理贬低为缺乏内在价值而只有外在价值，对哲学这个原本已经被边缘化和饱受质疑的学科的地位来说不啻丧权割地。如果哲学家为真理而爱真理，而如若真相是真理无所谓自身价值，那哲学就是粗鄙的，哲学家既缺德又愚蠢。愚人错把过程当终点；他们把锄头、耙子看得比花园还重，重视工人的劳作甚于薪水。我不想做个傻瓜，因为傻瓜既亵渎思想，也亵渎善良。对那些将真理贬损为奴仆的行径我们必须严阵以待，否则我们就成了偶像崇拜者而不是真正的敬神者，将偶像混同为上帝。

我们必须考虑问题的另一面。真理不是常常不值得追求
6 吗？有些真理是如此可怕，我们避之唯恐不及，根本不把知道

它们当成什么好事。我们犹豫要不要告诉一个稚嫩的孩子他妈妈真实的缺德事，担心会伤害他。也许我们会为自己到死都不知道这些事感到高兴。假如晚期恶性肿瘤正在吞噬我们的生命，不知不觉地活到头难道不是一种傻福？而且，说真的，如果一句假话有助于实现正义，你会不掩盖真相吗？不难想象这样一种情况，真相或假象都有助于正义；那么，我们为什么要把一个放在另一个之上？

或者，让我们想想狄金森那句诗的感伤。我们说有些人是为真理而死。但同样有些人为他们所相信的东西而死。信念并不总是真的。然而我们敬重那些为信念献身的人，即便这些信念是假的。我们称颂苏格拉底是为真理献身的烈士，难道我们仅仅是说他为自己的信念而死吗？为信念而死与为真理而死的区别是什么？可以肯定的是，烈士可能把自己假的信念当成真的，但他的认知错误丝毫不影响我们对他的勇气或他对信念的忠诚的崇拜。因此，我们尊崇的似乎不是为真理而死的人，我们所尊崇的只是千百万富于牺牲精神的有限众生，他们为了自己所相信的东西甘愿付出一己之命。这是一个残酷的反讽，柏拉图式真理高于信念的观点在此遭遇奇怪的反转：我们尊崇坚持信念的人而不是真理。在此，真理之为真看上去并没什么要紧。

顺着这些想法的这样一种设想有助于我们的思考。让我们假定这样一个神学–哲学体系，它能给信仰者提供比非信仰者更多的幸福、欣悦、福利与道德力；让我们同时假定，这个体系的任何信仰者身后事实上将不会因其信仰受到惩罚。最后我们假定这一体系是假的。可是，假如相信这一体系所带来的是所有可能的好处而身后不会有任何惩罚的风险，那它是假的又有什么要紧？而且如果看起来其假无关紧要——我们在上述假设中已经预设了这一点——那么这个体系是否为真肯定也无所谓。对这样的系统而言，重要的是相信，而其真或假则无关紧要。因为我们很容易找到不同的信念都很重要的例子，而很难发现真理有什么影响的案例，这样看来，信念或信仰确实要高于真理。

7 的确，人类最伟大的成就肯定是那些跟真理不相干而与非真理大有关系的成就。过去五十年所发表的哲学论文中，没有一篇可与莎士比亚的一部成熟剧作比肩；所有大学教师的生命加在一起也没有尤利乌斯·恺撒（Julius Caesar）生命中的一天影响大，而恺撒崇拜权力，而非真理。无疑是列宁而不是马克思对世界的影响更大。而且，莎士比亚的剧作不但不是真的，并且存心歌颂幻觉。《皆大欢喜》中试金石（Touchstone）说，“最真的诗最假”；观众乐于被谎言征服，相信在爱情中傻人得胜，或者李尔王之死多少是光荣的，这真有点骇人听闻。光荣的是名誉、成就，以及纯粹非理性的欺骗的威严。在虚假的这些巨大胜利面前，懦弱且无关紧要的真理只能发懵和自惭形秽。依照几乎任何标准，虚假的、佯装的、蒙骗的、推诿的、搪塞的、伪造的、撒谎的、伪装的、诱骗的和诡计多端的，都远比真的更受欢迎、更引人注目。说实在的，指涉假的字词远比我们用以表达相反概念的明显单一的字词要多得多。这也许是语言中唯一没有同义词的词（有一些苍白的候选者如“准确”和“名副其实”，但它们都不具有“真”难以言传的力量）。假有无数可爱的名字，显示其无穷的多样性和丰富性，而真命名的只是它自己。假既繁复又多样，真既不繁复也不多样。假带来无尽的快乐、娱乐、喜悦和麻醉，而真带来的只有清醒的自我。那么，我们要如何证明尽管真理贫乏却奇特地地位甚高？

那些貌似尊重真理的人或许谬赞了真理的价值。而且我们不安地猜测，像济慈、狄金森这样的务虚大师对真理的赞颂归根到底只是另一个谎言。谎言被说出也许是为了欺骗我们，让我们短暂地接受我们永远无法真正接受的东西。这样一来，被赋予荣誉的特定真理最终效力于它的对手。假因对真的虚假称颂而获得荣耀。

可是，只要真理没有欺骗我们，这些伟大的作家欺骗了我们又怎么样呢？如果这是欺骗的话，我们为什么要为这些欺骗而烦恼？如果真理之有价值只是因为她能帮助我们达成其他重要的目标如正义或健康，那么，对真理的这些不实赞美没什么特别值得担心的，对这整个事情我们大可不屑一顾甚至为之高兴。因为，假如真理像垮台了的王朝贬值的硬币，有什么损害？ 8
失去声望并不是什么大损失，因为如果你不能表明这一失去有什么伤害，那得到也不会感到快乐。一个如此空虚的金库的贬值，就像不名一文的穷小子——真理男孩——张口就来的爱，能有什么实际影响？

应该朝这个不名一文的可怜虫脑瓜上开一枪。真理是否有哪怕是外在的价值？我们希望有助于我们寻求正义的真理实际上只是诚实。我们要求证人诚实，而不是真诚。我们寄望于科学家的所谓真理实际上只是遵守客观性准则。因为我们要的是结果，诚实和客观有助于我们获得这样的结果，而真理不能为它们提供任何东西。说实在的，真理也许不但没有价值和用处，并且没有意义。也就是说，真理不但缺乏内在价值（没有价值）

和外在价值（没用），而且只是个多余的概念，其在场于事无补，其不在场亦无所减损（没有意义）。

要看到真理无意义，考虑下面的句子：

1. 所有人都受苦。

2. 这是真的，所有人都受苦。

第二个句子中增加了什么不是第一个句子中已经有的内容吗？看起来也没有。因而，“这是真的”没有增加什么东西，只是对所说的东西加以强调的文体手段。但如果真对内容无所增益，只是个文体上的润饰，那它就是个像运气或命运那样多余的概念；人们诉诸它好像它能解释什么，事实上它什么也解释不了。

如果真理是个多余概念，它配不上那些伟大作家堆在它身上的赞美；说实在的，它只配被污名化。远不能与善和美相媲美，它应该被当作令人厌恶的东西踩在脚下，因为它不但无价值，作为一个沐猴而冠者，它应该像令人厌恶的瘟疫那样被隔离。对真理的排斥似乎正是当代文化中正在发生之事，特别是在教育中。西方特别是在美国，人从小就被教导说世界上根本就没有真理；有的只是信念、价值，或是一个针对另一个的体系，一个跟着另一个的时代。我们美化容忍到这样的程度，以至于任何宣称真理的主张都被看作非美国的。家长们拒绝传统，担
9 心其结果会是某种洗脑。从各种异教的泛滥到街头的暴力示威，从各政治派别让人眼花缭乱的投票到艺术上新潮对雅致的野蛮专断，这个文化沉醉于相对主义的饮品，直至我们在大街上步履踉跄，被对真理无感的酒水弄得咯咯傻笑，目光迷离。真理确实被隔离了，因为它的传染有可能令恒常与无条件的东西成

为问题。

真理成了“对我来说是真的”，这显然毫无意义。对真理的追求被代之以对主义或意识形态的寻求。相信真理被视为倒退到盲从、固执，反之，被视为我们最了不起的成就的只是对传统价值的挑战，不管这些挑战是否属实。对真理本身以及对真理的尊重的贬损不但发生在公共场域与电台流行节目中，同时也发生在哲学研究机构庄重的门墙内。如果那些以揭示真理为业的人都逃离岗位，真理怎么可能得到尊重？对最近发生在学术界对真理正当性的两个攻击的简短分析可以告诉我们这一切是如何发生的。其中的第一桩，眼下可能已经不流行了，从哲学家的心态而非思想的角度解说问题。这把我们的注意力引向思想者心灵的健全性而非他的观念；心理健康状态顶替了探索的真理性。我们被要求将重要哲学家的工作视作被压抑、不健康的力比多的产物。在如此肃杀的诊所环境中真理无以存活，哲学家并不关心为什么一个思想者写出他所写的东西，他关心的只是所写的是不是真。

对真理的第二个排斥可能更恶毒，也肯定更流行，它要求我们将伟大的观念仅仅看作对思想史巨大影响力描述中的原因和结果，在此，评判一个观念不是依其真理性而是依其出身门第。没有人否认思想家受其先辈思想的影响，而他们自己的思想又影响其后辈，但重要的是其探索不是仅仅作为标本被固定在历史图表上，而是作为真理可能的候选对象被评估。但真理又一次被思想史家当作无关紧要的东西，对这些人来说，伟大观念作为启蒙运动唯一来源的地位是它们在思想运动逐渐显露的历史中所扮演的角色。真理在这些漠不关心的学者手中成了单纯

10 的运作，他们将之看作是将无心灵无目的的思想史事件串连成动人有趣叙事的线索的来源，而故事本身并不比传说更有价值或更真实。

这样一来，真理不再只是服务于其他物品的奴仆，甚至不再是乞丐，而是一具尸体，被少数庄严的怀旧者视为曾经活过但现在只能被缅怀的人物。它供人凭吊，也许还被哀悼，但不再被看作是重要的或者权威的。如果说精神分析学家通过将观念解释成一种性欲的表现形式而贬低真理，那思想史家则埋葬了它，并在其坟前举行了葬礼。这些真理的当代批评者从来没有问过这样一个问题，在思想家们看来这是个要紧的问题：“没错，但这是*真的*吗？”这问题不再被问起，只是因为没人知道它是什么*意思*。问这个问题不时髦。

但是，这个讣告也许有些幼稚。归根到底，不但二十世纪前的人物称颂真理；奥登（W. H. Auden）、艾丽丝·默多克（Iris Murdoch）[①] 和海德格尔这些当代人也一样。进而言之，以上提到的许多对真理的不屑是误导性的。因为，为真理而死与为自己的信念而死始终是两种完全不同的献身。苏格拉底被处死不是因为他的信念，而是因为他的探索，因为他捍卫真理的概念，反对说服的概念，尽管他承认自己的无知。而且，关于在“人固有一死”前边加上“这是真的”并没有给句子加上什么的抗议是错误的；在最高层次上，这四个字在世界中造就截然不同

① W. H. 奥登（1907—1973），被公认为艾略特之后最重要的英语诗人；艾丽丝·默多克（1919—1999），英国二十世纪优秀的哲学家和富有才华的作家。

的局面。虽然在思想史家与精神分析学家的军队里有太多的作战单位，真理的搜寻者（truth-seekers）就像密林中的游击队员那样始终在列，伺机击退外来入侵者。掩埋真理的丧葬师必须首先找到真理，而这是一项艰巨的任务，凭着他们瘠薄的资质根本无法胜任。

把钱当成目的而不仅仅是手段的守财奴真的是傻瓜。但那些赞美真理的人不是傻瓜，因为，明智的人不会混淆手段与目的。当他们将真理说得那么高贵，他们的话具有权威性。这是真理自身的权威。真理有其独有的意义。正如此前我们已经看到的那样，它无与伦比，恰恰因为它和所有其他概念都不一样。在真理中寻求好处或者优势都是徒劳的，因为人们所寻求的不是这些，而是真理的真理。然而，这种探索真理价值的失败尝 11
试令人深感不安。当我们试图赞颂真理时，我们发现没有支持这样做的现成方式。在试图谴责真理时，我们发现，除非我们仅仅在其自身基础上理解它，否则真理就没有任何价值。可是，如果我们不知道它是什么意思，我们又怎么能因真理自身的缘故而称颂真理？我们很容易被诱使攻击我们正要称赞的东西，这一点清楚地表明，我们并不知道这意味着什么。然而，赞颂真理的这些尝试不是徒劳的或毫无益处的。至少我们已经知道别到哪去寻找真理的价值甚至是意义。真理应只因其自身而被欣赏的最终建议是一种高尚的情怀，但在我们能够将真理本身分离出来加以审视之前是不会有什么收获的。

看来在探索真理的旅程中，有许多歧途和误导人的小路，它们最终都是死胡同。在找出真理前，首先必须让各种隐蔽小巷显出它们的本来面目。

二　真理的迷思

有一些常见的对真理的误解，它们阻碍了哲学成功地将真 13
理是什么分离出来。与其在构筑坚实建筑之前将一切破砖烂瓦一一清除，真正的要务是通盘检讨那些关键的曲解，不仅仅是清理残骸，而是在揭露那些迷思（myth）① 时提炼出对真之为真的初步把握。而将这些确定为迷思比将之说成错误含义更多，它同时是说它们跟所有迷思一样是我们的信念中特别顽固的东西。与单纯的错误不同，迷思中包含着些许真理的通货，因此需要对其进行评估和分析。在一些个案中，迷思的确代表了我们传统中一些最有影响的哲学家的思想，将它们漫不经心地抛在一边未免不敬。我们无意贬低这些有价值的思想家，通过他们的分析与论证，他们在阐明真理方面贡献甚大，但我相信，他们成了微妙但根本的各种错误理解的牺牲品。将以下六种迷思列举出来，丝毫不是对这些影响力巨大的思想家不敬，而是

① myth 常译作“神话”，但文中所取的只是神话之为思维迷误的特定含义，并不具有与童话、传说并立的文体含义，故选“迷思”为译。

借他们的分析指出由这些伟大心灵的努力所揭示出来的陷阱。

1. 客观自足性迷思。“客观性”已经成了指派如此根本的认知德性的一个词，以至于你会认为你应该为自己是主体这一点感到羞愧。在流行用语中，“客观性”是一种概念德性，反之，“主观性”在概念上是堕落的。主观的与偏颇的、固执的、相对的几乎没有区别。和在所有迷思中一样，在这一迷思里有一个接受它合理性的初始理由。因为主体是变动的，是我们，而客体是不变的，是他者，看上去显然应该依靠后者而非前者。我
14 们都看过数不清的偏执者的可怕报道，他们听任自己的信念和偏见扭曲他们的认知，即便是在他们确信自己的评估是公正准确的情况下也是如此。因此，为了消除主观主义的这些破坏性因素，真理被描述为纯粹的客观性，没有任何个人歪曲，这种尝试令人钦佩。然后，无论主体贡献了什么，都必须被有力地剔除，或至少被封存起来，使其无所作为。求知者尽其所能地努力成为纯粹的接收者。如果主体中有什么是必须保留的，这被看作是我们有限性的可悲局限。在这一迷思的影响下，经验成了赢家——不是像有人以为的是由于机械论的偏见，仅仅是因为经验亲近客体，以及它将主体理解为被动的接受者。

关于绝对客观性作为知识的一部分的迷思早已为康德所驱除，因为，在他的批判性分析之后，不再可能仅依客体对被动主体的影响描述认识。但是，认识论中迷思的驱除本身并不等于真理领域迷思的驱除。尽管有康德著作的影响，概念上依然存在无可避免的束缚，即以为真的是客观的，假的是主观的。在这一误解的影响下，人倾向于将真理等同于事实。没有什么对真理或事实的伤害比这更大的了。

只有当这一迷思被推向其逻辑上的荒谬，才可能使人从其迷障中走出。因为，如果真理是客观的，丝毫不包含主观性，那么真理没有任何的意义。因为这样一来真理就会像客体一样，并且像无认知主体的认知那样是没法实现的。桌子摆好了根本就不是真的，桌子只是被摆好了；或者不如说，桌子摆好了的真理只不过是桌子摆好了，真荒谬。关于树的真理不会是树，因为树本身，作为树，既不是真的也不是假的。

在这种迷思的影响下，一种完全不自然有时甚至是致命的思想立场占据了主导地位。由于人的兴趣与价值显然无法在外在对象中发现，它们被打上主观性的烙印，从而无以为真。历史传统只能是偏颇的，所有崇高的情志为了真而被去除。结果是，真理的探求者滋长出冷漠与不动心的学究气，直到有一天生出疑惑，我们究竟凭什么要与真理为伍？的确，对有些人来说， 15
对这一迷思的偏好导致了执拗的看法，以为真理与我们的兴趣与尊严完全相悖。正是由于这些兴趣与尊严是主观的，而真理作为客观的，必须与之相对立。这产生了“越低下越真实”（the baser the truer）的粗俗格言。我们对人类的高贵、尊严和价值的信念，原来是主观的幻觉，是不真实的，只有卑贱、无耻和无意义才是真实的。

可悲的是，即便许多心系崇高事物的人也经常因这一迷思的影响被说服，将“真理”这个词从自己的正面词汇中删去。诗人、神学家、传教士以及文化领袖们更喜欢谈论梦想和愿景，而不是真理，这让他们的整个话语都充满了不真实的味道。诚实而坚定的崇高价值观的捍卫者，害怕根植于这一迷思的蔑视，将自己的思想定性为纯粹的信念、解释、意见或启示，从而接受了这一迷思。这种表达方式增加了这一迷思危险的谬见，因为它暗示“真理”作为客观的和“信念”作为主观的之间的正式分叉。在这一信念下，真理愈益退入完全非价值事实的黑暗角落，不再被人颂扬与崇敬。事实上，在这一庸凡的角落，真理的独立性最终必定荡然无存。

当然，没有任何站得住脚的理由来维持真理与纯客观性的这种臭名昭著的同一性。我们完全可以像康德对待认识那样对待真理，也就是说，我们应该承认，客观性在真理中扮演一个必要然而并不充分的角色。但即便是在这样的场合，有一点仍然十分清楚，客观性迷思对我们的心灵来说仍然是相当强大的。当我们追求真理的时候，我们本能地想将主观性排除在外而将客观性包含在内。认识到这样的本能有些是由十七、十八世纪传递给我们的重要然而扭曲的认识论贡献的产物，可以帮助我们驱除其部分影响力，但是，如果对真理缺乏彻底和成功的存在论解说，客观性迷思的谬见将很可能持续下去。

2. 纯粹主体迷思。第一个迷思的邪恶孪生兄弟是这样一种观念：即使主体必须在真理中发挥作用，这样的主体也必须缺乏任何个人或历史属性；主体是一种纯粹的、超验的功能或形式现实，之所以必要，只是因为人类经验需要一个主体才能有一个客体，而不是因为主体本身有任何内容。

16 第二个迷思的情景通常是按照以下思路发展的。历史、传统和文化是相对的；它们显然因人而异。因此，作为真理的一种资源，它们是不可靠的，因此应将其与对真理的任何评估隔离开来。这就要求思想家对自己进行非真实的反思，就好像他没有过去或传统一样。纯粹主体的迷思还表明，无论主体在发现真理的过程中扮演什么角色，它都必须是没有兴趣或关注的。这种迷思的虚无主义影响虽然没有第一个迷思那么深远，但它倾向于使真理恰恰成为我们不可能关心或感兴趣的东西。同样，这一迷思倾向于通过使纯粹的主体成为那种没有兴趣的主体，来排除任何有趣的真理意识。

无论如何，第二个迷思的偏见通常在其对文化与传统的拒斥中被最强烈地感觉到。我们的历史，因为其影响——或者可能因为灌输——成了我们获得真理的障碍，正是因为它是我们的。传统因而被看作是一套障眼物，它让主体没法成为它本该成为的纯粹主体。当然，西方文化是一个自我批判性评估的故事的事实常常被忽略了。没有历史就不能批评，因为如果没有历史上的成功，首先就没有理由进行批评。只有当我从历史中读到，对批判性思维的尊重是如何在照亮我们的世界和我们自身方面取得如此巨大的成功时，我才能不仅学会如何批判，而且明白为什么要批判。从亚里士多德、休谟和康德等人那里继承了批判准则的学生，可以将这些批判能力用于反对那些继承了这一宝贵遗产的思想家；但同样是这个学生，如果仅仅因为批判史是我们的历史就将其评判为偏见，那么他就严重低估了自己所继承的东西的重要性。说到底，有一些传统不包含批判遗产，轻佻地将这样的传统与贡献了批判性思想原则的传统等量齐观，着实是幼稚和过分简化的。

在笛卡尔的《第一哲学沉思录》中可以看到这种近视的例子，在那里他告诉我们，他试图怀疑一切，并且将所学的东西通通忘掉。但只要他继续用他自己的语言，不论是用拉丁语还是用法语写作，他就没有忘掉自己所学的东西，这两种语言中

都充满了无数的预设和经典的影响。不只是他用的字,还有语法、
17 句法以及文体，都在一定程度上决定了他怎么思考。他关于实体的概念，即便不是由支配其母语对名词和动词的使用的句法规则所决定的，肯定也受其影响。因此，无论他怎么做，笛卡尔所拈出的“我”都不是一个纯粹的主体，只发挥认知者的功能，而是一个受到特定语言影响，被语言赋予特性的丰富主体，他用这种语言表达他的怀疑。这没什么不好的，虽然笛卡尔本人可能不这么想。实际上，没有丰富的文化语言，就不可能有批判或有条理的怀疑。错误的只是傲慢地认为人们可以从头开始（*ab novo*）探究，而这种傲慢极大地助长了这种迷思。

然而，这第二个迷思的最大危险，是仍然假定形式思维的被动性比受历史和文化熏陶的思维更有把握接近真理。这样一种可怕的谬误不幸地并不限于哲学。女权主义者似乎真诚地认为，她们可以想象出纯天然、无污染的女性，但她们犯了同样的错误，因为不论女人是什么或男性应该是什么，都没法脱离文化而存在。那些以为他们可以抽象出纯粹、未遭沾染、非文化的人该是什么样的政治理论家同样错得离谱。试图从其历史意义中剥离出任何概念的整个方法论不但是坏的思维，在道德上同样是危险的。有反对意见认为文化依赖的想法是沙文主义，这也是一种曲解，因为对传统的接受从来不意味着放弃你的批判能力。真正的威胁反而是贬低真理的价值，伴随而来的是虚无的冷漠下不可避免的停滞不前。在这一迷思的影响下，不仅真理无价值，更糟的是价值无真理。

3. *另外世界*（extraworldly）*迷思*。听到如此多的当代人抗议中世纪社会受害于对“超凡脱俗”（otherworldly）的强调，

真是可悲又好笑。从事实的观点看，没有人比当代分析的知识论者更超现实的了，他们在所有论证中老是拿“可能世界”说事。意思是你不知怎的可以跳出这个世界立于某处，环顾诸可能世界的巨大展开，其中处于最低处的是现实世界。但当人接受或投射这般世界时哪里是他的立足点？难道不就是特定想象或创造的心灵在世界中投射出这样的可能性？严格来说，世界只能有一个，那就是这个世界，如果把这个世界说成或想成是 18
众多世界中的一个，那是不可想象的。我不能想象在另一个世界里我口渴而在这个世界里不渴。我怎么可能想到另一个世界，它无可避免地一定包含我本身的思想，因为正是在我的思想中制造了它？很可能，“世界”一词严格和精确的使用根本不允许复数形式。不可能有多个可能的世界，因为，作为此一玄思之源的心灵只是包含在这个世界中。

然而，依可能世界说事是当代行话，这种说话方式——从而思维方式——提供了有害与扭曲的看法，我把这种看法确定为另外世界迷思。这是个危险的迷思，因为它超越这个世界时恰恰就超越了理解的可能。在这一迷思影响下，一个不存在、实际上不可能的地方被认为是最重要的。构想可能世界的能力成了指挥台，在那里指挥家指挥所有的思想乐器，因此，一旦这位缺席就只能有嘈杂声和噪音。但这个指挥台和指挥家并不存在，因为他们被处理为不属于任何世界并超出一切世界。正是从这个超越一切世界的匪夷所思的指挥台上，人们将各种不同的结构视为世界并加以评估。因此，真理的焦点是超越世界的，但由于真理只能立足于世界，所以不存在关于真理的真理。因此，使事物成为真理的东西本身就不是真理。

“另外世界”迷思所助长的对思想的扭曲破坏性极大。对可能性的推测肯定没有问题；事实上，这种推测对于理解逻辑本身至关重要。但是，反事实条件的思辨是否蕴含可能世界的多元性是完全不清楚的。令人遗憾的是，“世界”一词在这里有两种含义，第一种意味着“场域”，第二种意味着实在的基础。这一迷思因而被提示为一个含混性谬误的实例。

哲学家们想要找出某种不受历史、权势、文化、传统影响的中立地带，这是一种强大但致命的诱惑，也是推测的本质所特有的。这样一个地带不可能存在，是被那些人想象出来的，这些人通过精神自欺的手段抽离其自身，到达一个反思的关键阶段，在那里一切都是陌生的。

过错也许部分来自莱布尼茨，他引进可能世界的词汇以达成其神义论（theodicy）。但是，如果说失误的种子由莱布尼茨
19 种下，它肯定遭到像康德和海德格尔这样的思想家的阻击。康德的方法在这一点上是如此非凡，值得在此提及。他从未觉得有必要走出日常经验的世界胡思乱想，而是坚持必须始终先验地或者说批判地做哲学——就是，我们如其所是的那样接受世界，然后问为了说明它什么必须被预设。通过以这样的方式提出问题，我们从不让我们生活的世界消失在自己的视野外，相反，我们的日常经验本身成为探索的焦点，问题仅仅是这样的经验是如何可能的。后来海德格尔发展出人类存在总已然（先验地）是在世之在的非凡学说。因此，对海德格尔来说，世界从来不被认为是在认知主体之外的某种外部实在，而是涵摄主体作为我们在世界之中存在的本质方式。因此，我们不知道世界，而是在世界中知道。

这些来自哲学史的简要观察并不是为了解决问题或给出答案，提出它们只是为了让人们感受这个问题的崇高地位。康德和海德格尔也许已然表明莱布尼茨可能世界逻辑的弱点，但如果是这样，这样的论述用之于当代分析派的思想家甚至更有意义，他们抛出关于各种可能世界的观点，好像他本人的心灵不需要在一个世界中去获取真理。

不幸的是，这个迷思并不局限于专业哲学家，他们可能犯了模态逻辑的错误，也可能没有。这个迷思支持着一种常见的日常态度，比如“谁说……？”或“我们凭什么做出……的判断？”这些问题通常产生于那些骄纵和自命不凡的人中间，他们靠着令人眼花缭乱的怪异问题来营造一种不折不扣的光鲜氛围。令人苦恼的不是不明真相的人可能会认为这些华而不实的问题颠覆所有权威，而是关心和勤于思考的人可能会发现自己在这些对其推理的奇特侧翼攻击面前毫无招架之力。我们有什么资格说三道四？为什么，我们是这个世界上的存在，我们在这个世界上的思想和经验提供了来自良好推理和适当经验的权威。困难不在于这些玄虚的问题没有答案，而在于答案直白到用不着说。不是说判断是在世界中做出的，而是说一切判断都是内于系统的，因此，除非你接受系统，否则就没法确立权威，这种厌恶逻辑的说法是个迷思，并和所有迷思一样，对那些对 20
其中的欺人之谈不够敏感的思考者有很大的阻碍作用。

当尼采在《查拉图斯特拉如是说》的前言中恳请我们返回和热爱大地，他反对的目标也许过于集中于不接地气的形而上学家，实际上他的抗议更适用于当代那些说辞，所谓思考就意味着在世界之外获得一个奇特而绝妙的支点。正如阿基米德对借以撬动地球的支点的寻求那样，这个支点可能根本不存在；阿基米德所做的是尝试说明杠杆的力量，而不是寻找支点。他清楚地知道，没有这样一个神奇或神秘的支点。他是想告诉我们如何思考杠杆。可能性对于我们的思考来说是很根本的，但可能性本身并不带来无限的可能世界，我们也不会在思考它们的过程中不知怎么地失去自己在唯一可靠的世界——这个世界——中的位置。

4．句子迷思。如果你请一个当代分析哲学家检验真理的意义，他毫无例外地会从对他知道或假定为真的句子的分析入手。这样做似乎是完全合理和顺当的。无论如何，假如我想要了解巧克力，那就应该从巧克力饼开始，去掉其中只是饼的成分，发现剩下的巧克力成分。那么，如果你的目标是真理，为什么不从一个是真的句子开始，去除所有其他的成分如句法、语法乃至字词，在此剩余中真理自己就会向我们呈现？这一做法的确有其优胜处，因为通过引进句子，它避免了将真理留在单纯客观性的雾气中或是纯粹主体性的黑暗中。真理既非主观的亦非客观的，同样它也不“在”任何一方中。真理不如说是二者之间的纽带或者联系，因而其地位独立于二者。

句子附着于特定语言，因此，德语里的“这狗很小”（Der Hund ist klein）跟英语里的“这狗很小”（The dog is small）给出的是两个不同的句子，但它们背后或者内含的命题是一样的。罗素因而将命题定义为真或假；命题在英文和德文句子中的呈现，令句子在派生意义上成为真或假。但即便命题也不可能是真理；因为，假如命题或句子要么真要么假，那么，使它们真而非假的必定是命题自身之外的东西。令命题为真的是与实情的符合。严格说来，只有命题可能是符合或不符合的，因此只有命题可以是真的或假的。令命题为真者自己并不是真，坚持这一点听上去有点奇怪，但这里的论证是可靠的。实情——甚至是“对象”——本身既不是真的也不是假的，因为要有真理，你得有一个断言和断言所针对的对象。这样一来，命题本身，以及间接地，句子，才可能是真的。 21

问题不是这一论证的合理性，而是其与理解真理到底是什么意思的相关性。这一分析的一个困难是这种假设，即命题或句子在被分析的时候是完成了的或者说固定的。分析始于一个现成的命题，好像它就是一个现存的实体（entity），它与其所言说的实情或相符或不符。句子似乎是实际的实体，而命题是抽象的实体。因而真理自身不是一个实体，而是两个实体之间的一种关系，就像“……在……左边”是一种关系一样，就此而言，除了与其相关的两个实体之外，真理本身并无本体论地位。因此，真理是两个实体（命题与“实情之所是”）之间的关系。但这一分析所依赖的是命题被理解为独立于其言说者的存在。这几乎等于我们必须多多少少这样去想象句子，它在被写出时命题蕴含其中，并且在书页中有其自己的生命。当然，写在纸上的并不是一个句子，而仅仅是被解释为句子的一系列印记。句子的意义需要被识读，才能使它成为正确表述或对应实际情况的候选者。

这要求我们把语言仅仅理解为表达（communication）。不论是书面的还是口头的，语言传达对有意义的声音和文字符号的解释，因为它或者向另一个心灵或者是自己表达句子与实情之间的对应关系。可是，很难相信语言可以首先被视为表达，并且肯定不能仅仅被视为是表达。进而，命题作为抽象实体实际上怎么可能与一个世界上存在的东西相符合，这即便不是不可能也至少很难想象。如果所表达的是意义而不是符合，那真理的焦点就从符合转到意义。真理符合论依靠语言表达论，而这是高度可疑的。被表达的是什么？句子吗？意义吗？命题吗？
22 而根据这个理论，这三者都预设语言，但语言不可能传达其所预设的东西，或者不如这么说，语言不可能是其前提的传达者，因为它怎么传达还没存在的东西？

进而言之，这样的一个真理观念是极为狭隘的：它只指涉特定和有限意义的真，这样一种真理可依简单直接断言及其与简单事实的符合加以分析。真理必须在比这更广大的意义上被认知，对此我们将在随后的章节中给出论证。然而，这种狭隘揭示了这一真理观念的缺陷。从句子揭示真理的方法，似乎仍然将抽象实体——命题——视为已然包含了真理。这令人不安，因为它似乎是循环命题。如果从分析命题本身开始，就无法保证命题是真的（除非它是一个分析命题）。因此，我们必须从一个真命题开始，说这个命题的真在于它与实际情况的对应。但这当然是放弃了命题或句子。如果真理必须用句子或命题以外的术语来理解——如果假句子是可能的，它就必须被理解——那么，坚持认为真理在任何方面都在于命题的性质，或者真理的意义可以通过对句子的分析来揭示，都是可疑的。

在我看来，这一论证是说，不是命题本身产生真理，真理产生于命题与实情的符合。但这听上去有多余的嫌疑。不是命题产生真理而是命题中的真产生真理。这当然是无可置疑的，但它似乎令短语“命题中的”变得没有必要。因为如果只有那些符合的命题是真的，那么除了“真命题是真的”以外你什么也没说。换句话说，这一分析除了调换语词外没有说出任何东西。

这里还有一个挥之不去的疑虑，就是人们在此将标准与意义相混淆。符合令句子为真这一点是清楚的，但这并没有告诉我们什么是真理，只告诉我们什么时候有真理。但说真理意味着比句子本身更多的东西显然就超越了句子。

说句子的迷思不是说语言的迷思。真理不能在对句子的分析中得到，但真理仍然与语言相关联。真理不可能独立于语言，
离开真理，语言也不可能有意义。我们不能把语言仅仅视作句 23
子，也不能把语言仅仅视作命题。关于这一点的解释超出了本章范围。

5. 体系的迷思。几乎没有什么比看理论家对其“哲学体系”进行思辨更令人恼火的了。那些发明“真理”大厦的人的十足傲慢，就在于他们的无能——不知道如何从世界中学习什么才是重要的。也许有解释的体系，但不存在真理的体系，也没有“在体系中”的真理。诚然，关于世界与我们的存在的任何恰当说明必定包括对真理本身的说明，但将真理等同于体系——这是常见的毛病——的想法可悲地糟糕，真理不是一个体系。

部分原因可能在于，对哲学史马虎的、不恰当的理解与教学，其中沉闷而重复地提及“亚里士多德体系”或“康德体系”，不禁会在学生心中建立起对这些名声的羡慕。说到底，体系是为了解释全部真理，谁比那些能做到这一点的人更受爱戴？可在任何人都能做得一样好的事情上没有什么值得爱戴的。没有什么事情比这更容易的了，发明、设计、制造或思辨地想象一个“体系”，把它用灵光的词汇和吸睛的术语打包，在容易被打

动的看客头上像热气球一样发射升空。

正如康德所言，人类理性中可能确实存在一种天然的建构性，但谈论康德的“体系”仍然是不恰当的。足球教练也许有防守体系，国家可能有政府体系，公司有会计或簿记体系，但思想者，严格说来，不可能有真理的体系，因为永远可能提出这样的问题:“但这体系是真的吗？”有时会听到这样的抗议，一个体系的真理内在于体系中，但这是个误解。体系，只要是合法的，都是为了得出或揭示真理而构建的；体系的构建并不产生真理。体系也不是一套方法；好的思想者发展出明确的方法以获得真理，这又一次表明方法与真理不同。但对体系不合法的使用，不是将体系看成获取真理的手段，而是看作真理的展示。这是一个危险的迷思，部分是因为它通过将真理归结为可被安排的东西来吸引人。当然，这也是为什么将真理与体系相提并论会支撑起这种华而不实的傲慢。当然，黑格尔似乎正
24 是以这样的方式理解他的“体系”的；尽管他是个伟大的思想家，但也必须被问责。也许确实存在一个庞大的、内在支撑的知识体系，这也是黑格尔在他的论证中精彩辩护的。但在真理中能否找到同样的系统间（intersystematic）权威则是另一回事。

因为，真理为了成为真理要求其自足性。世界能告诉我们的比我们能告诉世界的更多。一个体系有其独特的魅力。它在发展的同时也在约束着自己。体系给人以自由与可靠的巨大幻觉；在解释一切的时候它什么也没揭示。然而，系统性的迷思是所有迷思中最具诱惑力的，这恰恰是因为，真理追求者没法躲开秩序和逻辑的无法回避性。理性的有效性只是由于体系的

秩序，而舍弃理性就没有真理。然而，思想家创造或建立体系的概念跟真理是自足的观念是对着的。

思想家用什么材料建构他们的体系？当然是用他们所学到的东西。但是，如果他们的所学先于体系，一定是这样，那真理不可能来自体系。然而，没有有条理的思想就不可能有真理，而有条理的思想本身可能并不是学来的，而只是直接的直觉或推理。如果你所说的“体系”是指对知识的结构化或条理化，这显然是可以接受的，甚至必定如此。没有条理化就没有论题的统一性，思考者的观察与见解将会是随机甚至任意的。因此，某些体系化的合法需要是不可否定的。但“体系”这个词的含义远不止于此；它意味着一个方案或者一种构造，将它等同于真理本身，这是一种危险的迷思。

这一迷思自然发展的结果，是各种“主义”的丛林生长，它祸害学术思想领域，让杂草淹没了鲜花。令人遗憾的是，“主义”的泛滥已经成为一种可以接受的做法，随之而来的是将思想与厌恶理论的标签相提并论，将思考这一崇高的任务变成了贴标签这一不诚实的例行公事。现在似乎那些教授们的最大本事就是往无处不在的已死体系的身上贴标签。你想理解康德吗？找出他的标签——先验唯心主义——在辞典中找到它，这样你就会知道所有在那能知道的。从一元论到存在主义，马克思主义到二元论，学生们徜徉于这些标签之间，就像在墓地游走于墓碑之间。哲学已经变成标记死者的碑文。因为死亡是那些一 25
度活着的思想的唯一性质，现在在越来越厚的哲学体系百科全书中被分类，这些体系被等同于加上前缀的各种主义。的确，就连抗议本身也未能逃脱糟糕涂鸦，因为它会一直被贴上这样的标签：反对主义–主义（anti-ismism）。

内在于这一愚蠢说教中致命的威胁是思想的丧失。我们只考虑一个思想家说了什么，而不是他为什么说这个；更不用说关注促使思想家探索他提出的问题和困惑的生活经历与烦恼。随着这种迷思的到来，太阳——真理——被体系主义的月亮所遮蔽，结果就是正午的黑暗。想想这个过程的愚蠢之处吧。在试图理解笛卡尔时，我们会发现“二元论”这个标签就像一股恶臭一样在他的作品中盘旋。在一些方便得到的手册或电脑软件上，我们可以找到二元论的定义，即坚持存在两个独立和不同的实体——心灵和肉体——的学说。我们还看到星号——或者屏幕上闪烁的绿色信号——提示我们二元论已经被同一论取代。因而，主义的探寻者跟超市购物者没什么两样，得在给家人买的吃食是李子还是葡萄间做决定。这些“水果主义”的购物者，从未意识到笛卡尔推理的负担。如果一个人从这方面开始，那么没有一个回到文本复盘论证的企图会成功，因为防腐液已经起作用了。笛卡尔不是个二元论者，他只是一个反思推理明显跟感觉不同的思考者，并且认为自己有义务对这种不同做出解释。他诉诸分离实体观念。我们当然有必要挑战这种思考，一些很棒的批评已经这样做了。但是，好的批评者不是攻击他的结论而是他的推理，为了批评他的推理，你必须肯定将笛卡尔引向最初区分的想法的逻辑说服力。这就是与思想家一起思考。如果仅仅从包装上的广告来理解他的思想，那就完全是背弃哲学。主义杀死思想。

真理不可能只是与发问分开的答案。将结果与疑问相分离是把思想归结为主张，伴随而来的是一种主张与另一种主张一样好的偏见。思考者关心的可能就是真理被说成是不相干的。如果所有的主张都是可能的回答，各种主张中的一个怎么可能声称其真理性？事实上，更重要的问题——“关于什么的答案？”——甚至很少被问及。其结果是一个本科生给出的反推 26
论证，他曾经写道：“笛卡尔相信两种实体，因为他是个二元论者。”主义现在被从单纯标签的一般层次上升到理性的高贵层次。在这样的迷思中，孕育并诞生了许多 F[1]。

尽管看上去似乎不那么显而易见，但所有体系本质上都是机械论的。体系以机器的隐喻来思考世界。事实上，在这种错误评价下，思维本身不过是精心设计的电子设备的图式。机器之所以能够成功运作，是因为它们有系统的秩序；而解释体系的运作就像一台机器。各部分的功能在于它们为机器本身服务，而机器反过来又是为其他事物服务的精心制作的工具。就机器本身而言，它没有任何意义。然而，所有体系都把包括自身在内的世界当作一台机器。

有些人可能会反对说，存在生物性甚至是演化的体系，这不能被归结为机械论的隐喻。但正是因为它们完全以像解释机器一样的方式进行解释，即便这些精致的体系也是成问题的。如果你拉动这个操纵杆，这个齿轮会转动，使滑轮运作起来。万物有灵论或进化论体系只是用分散注意力的语言的无花果叶遮掩了这些部分。用与谈论引力或吸引铁屑的磁场一模一样的方式来说生命力，就是把生命简化为机器，不论它在术语上如何乔装打扮。被称为人类的温暖、鲜活、充满活力、充满爱、

① F 是 false（错误的）和 fake（伪造的）等词的首字母。

充满欲望和感性的有罪之人，似乎可以用电子脉冲、大脑中的微芯片、晶体管、数据库和激发能量的火花等精心设计的体系来解释。以往如果一个人被称作动物，他会感到被冒犯，而如今这样的活力很珍贵，因为在更大的归纳下，我们甚至没有一丝生命；噼啪作响的是电能，不像动物有情绪，我们现在有的只是电子脉冲。

电脑在复杂性方面的快速成长给这一强劲迷思的烈焰加油。机械论，即便是电子式的，不包含任何真理；因为真理接着已变成只是被确定的变量。对那些能成功使用这些机械而没有因它们挥洒无度的表现变得害怕的人来说，这些机械真是妙极了。但是，尽管我们有“人工智能”系统和“思想机器”，它很容易让那些不警觉的人被诱骗，相信机器真的会思考，因而
27 认为我们在思考时真的是机器。这一愚蠢的想法部分是将思想和真理描绘为系统的结果；因为电脑终究是个系统。但电脑里没有真理。

这一迷思会引向试图将思想描述为机械性的这样重大的错误，但它在政治意识形态的发展中有一个更进一步的征候。所有意识形态都是体系性的，作为体系它们都是机械论的。你在罗伯斯庇尔（Robespierre）、列宁或者希姆莱（Himmler）书面表达中感到的可怕不在于他们的邪恶，而是他们显眼的冷酷无情。机器对被它碾压的东西是不关心的；在机器那里没有冷酷或热情。但油盐不进的可怕王权更恐怖，因为驱动其专制的是充满激情的无情。希特勒本人也许仇视犹太人和波兰人以及俄国人，但令其系统运转的是他的亲信，他们认同关于一个无可避免的系统的必然展开的机械论观念。罗伯斯庇尔、列宁、

斯大林、希姆莱等等，这些人乐于让数百万人死去，只是因为对于这个系统来说这么干是合适的。纳粹常常被描绘成深度仇恨者，他们中的一些人无疑是这样，但令这一运动如此卑劣的却是没有仇恨，因为仇恨至少还是一种人的情感。这些男女是虚无主义者；他们认为自己只是系统的零部件，因此作恶不算回事。

对他们来说，国家同样是部机器，正义的机器。在所有意识形态空想家——即系统的缔造者——的想象中是带来正义的机制。在进化的机器中，由于传统已经被抛弃，正义本身只是机器的一部分：权力。让这些统治如此恐怖的不是正义是任意的，而是它跟其他一切事情一样只是系统的一部分，因而是不可避免的。

可是你会说，害怕机器仍然是荒唐的。害怕野兽并不可笑，它的嗜血本性或者是害怕或饥饿可能引发凶残行为；然而，机器作为工具，没有个人利益，从而不该被害怕。分析在此看来步入歧途，因为列宁和罗伯斯庇尔之流当然是可怕的，他们出于机械论的必然性，可以平静地给数百万人签发死亡令。如果将他们解释为机械论者，而且如果机器是用不着被害怕的，那么，为什么他们会令人害怕？

可怕的不是机器本身而是变成机器。我们中间的坏人可以被害怕、讨厌、惩罚和宽恕。但发展得超出我们之上的威胁是邪恶。邪恶意味着是被非人类的动机所驱动的。诚然，机器无法制造恐怖，但像机器一样思考是一种恐怖。如果我们所想的是人类的心灵，那一部机器实在是可怕的。让一个人对真理的 28
感觉变成像一部被组装的机器或建构的体系那样已经不只是迷

思，而是危险。

近日，一个被判谋杀罪成立排在死刑名单上的人在佛罗里达州电视访谈中抱怨说，他的罪行是心理毛病的结果，他还说，这病本应该被专家们查出然后治疗，这样他就用不着被惩罚了。说到底，你修理一个有问题的变速器，那为什么不治疗心理问题？死刑犯的说法的确很正确。因为不论是形而上学体系还是政府系统，系统的成长是这样一种深层的哲学变态观念的结果，这种将心灵与灵魂想成机器的观念已经变得很普通。机器不应该被惩罚而应该被修理。

意识形态或体系的诱惑非常强烈，尤其是在政治领域中。因为，将我们所有的问题归咎于成问题的体制，声称一个体制可以被代之以另一个体制，我们需要做的就是选择正确的——甚至就是新的一个——体制来为众人带来幸福，这样的想法奇妙地令人心安。但是，即便体制能产生正义或幸福，它们肯定不能产生真理，因为真理不是被制造出来的东西，而是被揭示或者被发现的。然而，尽管有所有这些洞见，作为一种迷思，体系的诱惑依然存在，部分原因是那些思考体系的人拒绝接受任何其他类型的思考是可能的。例如，一个马克思主义者坚持认为，他的体系只是资本主义的必然替代品，而资本主义本身就是一种体系。资本主义也许是一个体系，但只是在已经确立的一系列相互关系的意义上是这样，而不是在思辨地构想出来的阐述的意义上是这样。私有产权也许并不是必然的，并且肯定存在着对它的滥用，但它从未被设想为是一个思辨的选项或一种意识形态，它后来被采用是因为其体系的优越性。在任何纯粹思辨体系或意识形态中根本没有真理；然而，即便是被束缚在可怕的体制框架中，任何传统中总是有一些真理的。意识形态恐怖的邪恶在于其系统的非真理，传统恢复生机和革故鼎新的救赎之力根基于真理。

尽管有这些警示，必须承认，设计的“体系”甚至那些可恶的“主义”后缀有其合理的使用；不过，将其合理与不合理使用区分开来的差别是如此微妙，只要可能，这类词最好还是避免使用。

6. *知识迷思*。关于真理的迷思中最后也是最有害的是真理是知识的观点。知识对哲学家以及所有寻求思考地生活在世界 29
上的人都是相当重要的。许多哲学家事实上将他们的任务看作是追求知识而不是真理，只有傻瓜才宁肯无知也不要知识。你也不能否认真理和知识是紧密联系在一起的。尽管相近，二者仍然是不同的，重要的是要注意，对伟大人物的赞誉是留给真理的，而不是留给知识的。知识当然配享它自己的荣誉。在效用的意义上，知识也许比真理更有益，但是，在何者具足自足价值的意义上，是真理而不是知识须居高位。

可以从一些随意的评论开始理解这一区别。与知识相对应的是无知；而与真对应的是不真或者假。无知也许可以被原谅，而不真却绝不被原谅。知识是其拥有者——主体——的特征。真理既非主体，亦非客体。在一个人不能被认为知道什么是假的的意义上，知识以真理为前提。换句话说，知道就是知道什么是真的。

因为我所知道的是真的，通往真理意义最确定的路径可以在对认识的分析中找到。但这一进路虽然受到当代知识论者的高度青睐，却不但是误导性的，同时还是危险的，因为这是个反向倒退。知识并不给我们真，真才是令知识成为可能者。欲循知识的路径接近真理，就是将胜利与奖赏、英雄与勋章混为一谈。你不能通过对知识的分析达到对真的恰当理解，这是因为，前者是被后者所预设的。在形式分析中，任何事物的基本前提总是高于事物本身，因为首先是前提令其他事物成为可能。

如果我说，“我知道人们受苦是真的”，正如前文指出过的，这似乎除了说我知道人们受苦外没说别的东西，也许我说的只是人们受苦。如果这一点是正确的，“这是真的”没有增加任何内容，因而是没有意义的。但这是因为这一表述只是将已然认可的东西明晰化，因而并不是没有意义，而是一切意义的根本基础。说在知识中真被当作前提，就是否定可以单独通过对知
30 识的分析趋近真。它被预设为前提意味着它是更深地隐含着的，它是如此之根本，对认知的简单分析，它本身是件困难的任务，不能给出它的意义。

知识可以被使用，真理从来不是拿来用的。然而，奇特的是，将这些陈述反过来看是很说明问题的：无知没有用，虽然我的无知可以被别人用来对付我；但不真或者假却非常有用。因为假作为欺瞒、哄骗在不道德的人的手中是政治和心理操控的潜在手段。不真可以被狡猾的人利用，这一事实让人想通过其否定探寻真的意义，以及通过对假的分析得到真。（真就是不是假的。）虽然你通过这样的否定方式可以学到很多，关于真的真理必须正面把握，因为正如前文指出的，假有一千副面孔，真只有一副。

对这一迷思的认识提示我们，走进真理的合适途径不是通过知识而是通过无知，或者应该说通过特定的所谓“苏格拉底

式的无知”。这一特殊的哲学性的无知是探索的根本基础，这是很重要的，因为它第一次促使我们将真理的本质意义理解为诱惑与召唤。真理令人神往。这是作为真理的认识的神秘地位的最强有力的真相。知识的最大光荣恰恰是它不诱人。这是因为知识必须是真的，真被囚禁在知识中。知识将真理冰冻成无生气的必然性。真理不是*知者*（knower）感兴趣的，对真理感兴趣的是*追求（真）者*（seeker）。[①] 知者在认识中必定因知识而忽视真理，在对光的圈占中窒息了火焰。

知识可以被传授给别人，而真理不能像信息那样从一个人传递到另一个人。当一个人声称传授真理时，他实际上说的是传授知识，知识依定义必定为真。但真本身不能被传授甚至不能被交流。在整个探索过程中，重要的是坚持区别：*为真者本身*并不总是*真理*。一个人可以为真理而死，但很少有任何一个真的事实值得为之而死。然而，这一区别却常常被忽视，以至于对之加以区别就会被这一迷思的骗局所俘获。

关于真理的这些迷思不仅仅是错误。与所有的迷思一样，
它们有持续的吸引力，也并不是完全不包含真理。对它们这一 31
暂时如此的编码，不管怎么说，将有助于通过将真理从其他僭越者的干扰中析分出来，将注意力导向真理本身的独特本质。当这些迷思被揭开，真理那难以捉摸却又光辉四射的本质，就

① 知者与追求者对真理的态度与求爱者和成婚者与“对象”的关系一样。这不是关于因爱成婚者不可能永远保持恋爱的情感热度的事实描述，而是对爱作为追求而婚姻不再是同样的追求这两件事的本质直观。

像黑暗迷雾中的一盏灯吸引我们。尽管真理拥有显著的价值和魅力，但却出了名的难以把握，因为它被深深的偏见（就像这六种迷思）所包围，并且被貌似难解的悖论缠绕。迷思一旦被揭露就会消失，而悖论则是真理自身本质的一部分，因此必须直面。

三　真理的悖论

看来，如果有任何观念对探索者是开放的，那么它应该 33
就是真理本身。因为一切知识都以真理为前提，它本身必定是没得说的清晰和容易理解的。当一个人说“这是真的”，对它的意思是什么不可能有任何疑惑，如果几乎每一个人显然的确知道说“这是真的”是什么意思，断言真理的意思里有任何神秘或不清楚的地方似乎是对常识耸人听闻的攻击。真理也许很难定义，但所有简单的概念，像是“上”“不”“像”以及“这”，都很难定义——定义上的困难只是严密程度的问题。问题是，没有其他什么概念比“不”更直接和明白的了，因此，要定义它，你必定只能用更不明白的词，这让阐述多少没得做。因此，对“真理”来说也是这样。由于我们都知道它的意思——说到底，我们足够经常地正确使用这个词——这里还会有什么问题？

这种常识性批评在一定程度上是有道理的。这一探索不是关于某个新概念的探寻，为了正确地使用它需要有一个解释。真理也不是一个像“社会”这种复杂得可怕的概念，“社会”因为其模式的多样性给我们带来困难。我们实际上的确知道如何使用“真”这个词，这必定意味着我们了解它的恰当用法，以及在一定程度上理解它的意义。但我们知道在一个句子中如何正确使用“真”这个字，并不意味着我们在整个深度和广度上理解“真理”一词的意义。

事实上，提出真理问题的任务本身就存在着一个令人不安的悖论，它有可能使哲学家陷入与上段中那位不解风情的普通言说者相同的境地，认为这个问题不值得探究而完全放弃。这
34 一悖论可以被表述为分析上的悖论的一个变种：对真理的探索要么必须从真实的事物——通常是一个句子——开始，要么必须从无知开始。无知从来不产生真理，而从句子开始是从你本应结束的地方开始。不论真理简单地变成了知识，或者它深藏在真句子中，除了我们已经知道的——这个句子是真的——之外，它永远不可能意味着任何东西。问题是，我们如何去知道句子的真跟真本身没有关系而跟句子的内容有关。例如，如果我说人类受苦，我关于这一说法的证据是我对人类这一物种的经验：它涉及人类与苦难——与真无关。说真的，如果我在日常交往中说这个话，人们关注的焦点只会是人类处境的恶劣或牺牲之崇高，而完全与真的含义无关。

但是，假如有人说：“这句话有五个词。”（This sentence contains five words.）我不但从中听到它说了什么，同时我还考虑这句子是由词组成的并且算它有几个词。真也许像是这样：有许多五个词的句子，但我们并不在意，直到我们的注意力被引向句子的字数。因此，虽然“威廉·莎士比亚写了《李尔王》”（William Shakespeare wrote *King Lear*）同样是五个词，但只

有不同寻常的提及才会把我们的注意力引向这个乏味的事实。这句话实际上说的是这个伟大剧本的作者是谁。但如果你问我，我可以算它的词数。因此，如果有人问，我们可以对“这个句子是真的”的意义加以反思，并且发现其中没有什么神秘的东西，只是兴趣的不同。通常我们并不关心句子有几个词，除非它实在太长，并且，我们不会特别在意随便一个句子的词数，因为这很无聊。但我们永远可以算一算词数。同样，通常我们不会专门说明我们在说“这是真的”时这个“真”是什么意思，但就像数句子的词数一样，如果我们将注意力专注于此，我们总是可以这样做。

当然，困难的是，将我们的注意力集中在真理上比集中在句子的词数上要求高得多。再一次，这一点里包含了很多合理的东西：我们可以根据句子的真实性来关注它，也可以仅仅根据句子告诉我们的内容来关注它。那么，这个句子是否实际上是两个句子，一个是关于莎士比亚写《李尔王》，另一个是关于莎士比亚写《李尔王》的真实性？似乎不如说只有一个句子，它可以以两种方式被关注：作为关于谁写了《李尔王》的信息 35
来源，以及作为理解真的资源。

但这里悖论加深了。令句子为真的是莎士比亚写了《李尔王》，而这同时也给我们提供了关于剧本作者的信息。可是，句子所说的东西不可能是那个句子的真。因为我们仔细看一看：如果“莎士比亚写了《李尔王》”这个句子的真是莎士比亚写了《李尔王》，真的不是句子而是事实。在引号去掉时，我们从句子来到事实。但真理不可能是事实，因为事实可以在不被意识或理解的情况下发生。事实不可能为假，那么它怎么可能为真？

不知怎么回事，在去掉引号的时候我们去掉了真理。

这看上去也许好玩胜过正经，但悖论还在：真似乎要求，为了理解它，我要先知道它，但我只有在它已经是真的情况下才能知道它。如果我们要把一个句子分析为是真的要求这个句子本向为真，这导致分析上的循环。

接下来也许该重新考虑关于无知的选项。对探求者来说真理是什么？知识吗？有一点似乎是明显的，知识是真理追求者之所欲，那么，为什么他不这么说？为什么不把探索者认定为求知者（knowledge-seeker）,而是认定为求真者（truth-seeker）呢？但这种认定确切吗？也许探究者在寻求真理时并不是在寻求知识。但这似乎很荒谬，因为如果我在寻求《李尔王》作者的真相,我就必然要知道《李尔王》的作者是谁。也许吧。但是，对无知的探究者的分析打开了一个丰富的暗示。也许真对于知识是必不可少的，但真理对于探究也是必不可少的。

莱辛（Lessing）说过一个有名的故事，在故事中莱辛想象草草化了个妆的上帝造访他，提出要奖赏其善。上帝在他的右手握着的是真理，左手是对真理的追求。上帝问莱辛二者中他想要哪一个。莱辛声称他的回答将会是“我将拿你左手握着的东西，把真理只留给上帝”。这不只是一个关于莱辛的谦逊或正视自身有限性的迷人故事，这故事是相当矛盾的。因为，如果莱辛真心实意地想寻求真理，那他对上帝给他的真理本身的拒绝岂不是虚伪？假如我想要金子，有人答应给我金子或者一个可能得到金子的赌注，我会拿金子。通过拒绝上帝许诺的真理，
36 莱辛似乎在否定探索真理的任何意义。为什么要探求真理，如果当给你真理时，你拒绝了它？

然而，莱辛的这则寓言暗示了一种更深刻的洞见，而不仅仅是对一个不知道自己想要什么的人的失望。这个小故事告诉我们的是，只有无限的存在才能拥有真理，而接受来自右手的馈赠就等于放弃了人性。还有一个强烈的提示是，对于我们来说，真理之为价值只是一种用来追求的理想，对真理的实际掌握（知识？）令其价值减损。但是，这些意见只是加深了矛盾而没有解决它。这好像是这样一个公式："想要 X" 不管怎么说优于 "拥有 X"。有人会想，如果一直往后推，是不是 "想要想要想要 X" 那就更好？但这是荒谬的。

无穷倒推也许荒谬，但最初的那个意见仍然是重要的。坚持追求某物比拥有某物更好是可能的。许多选手享受争取胜利的竞技甚于获胜。有些人以求为乐以得为愧。追求真理为什么不能在拥有真理之上？如果我们知道了是男管家干的，我们还怎么欣赏那个神秘的故事？但如果这就是它所有的意思，对真理的赞扬又一次被用错了地方。我们毋宁应该称颂对真理的探求。真理本身就像一纸婚书，它夺去［爱即追求的］欣悦。进而，它仿佛将真理与婚姻相等同，后者虽然令干渴的旅行者兴奋并将其召唤到地点，一旦那幻影消失，干渴难耐一如其旧。人对海市蜃楼肯定不会想得太多，它许诺的只是虚假的希望。如果有人声称追求真理无论在任何方式上均高于真理本身，我们得质问这是不是自我放纵。孩子会通过假装在白日梦中愉悦自己，但如果对真理的追求是追求一个一旦拥有便意义尽失的东西，那真理的追寻者和逐梦人也没什么两样。事实上，为什么追求真理的人要比追求享乐或名利的人更重要呢？说追求本身就是真理的价值所在，只不过是指出了某些人的一个奇怪的心理事实，即他们喜欢追逐胜过杀戮，而他们选择的是什么并不重要。这使得真理不过是一只兔子。

当然，很可能莱辛的这个故事只不过是误导我们。在他的白日梦中，他要是选择了真理，也许对我们的理解反倒会更为有益。两难之处大概是这样:（1）如果我拥有真理，我知道，
37 这里的探索是进入知识而不是真理,以及（2）如果我渴求真理，但当它到来时却不接受它，这一尝试探究的是心理学上关于渴望的有趣概念，不是真理。有人可以在知识中看到价值，还有人赞赏追求的价值，但二者都不提真理本身。为什么不简简单单地忘掉真理，聚焦追求和知道?

在《会饮篇》中，苏格拉底比较了真理的两难处境与在对美的热爱中遭遇的相似困境。爱者渴望其所爱者，从而必定有缺；然而他又拥有其所爱，从而不可能渴求所爱。苏格拉底提出，爱者必须被理解为既拥有又不拥有美人，尽管这看上去似乎是在讨论中拒不接受矛盾律。他接着给出了爱真理者和爱美人者的平等关系，声称二者必定既拥有又缺失。这与朱丽叶著名的话异曲同工，“然而我渴望的是我所拥有的”，这话即使是十四岁的少女都能意识到有问题。但朱丽叶的问题在于她恋爱了。苏格拉底的问题在于他热爱真理。

苏格拉底版本的悖论常常被忽视，因为对话中的教诲更引人注目。苏格拉底的意思显然是让我们思考悖论，而不是解决它。然而，悖论不正是那些为了解开而提出的谜题吗?或者说，还有一种新的悖论，即真理是在悖论中揭示出来的，而不是在答案或解答中揭示出来的?

苏格拉底版本的悖论提出了迷人的问题：追求与拥有是否

不相洽？拥有是否总是欲求的终结？即使在完全赢得罗密欧之后，朱丽叶仍对罗密欧念念不忘。但这是个爱情故事。更糟的是，这是一个诗体的戏剧化的虚构爱情故事。但《会饮篇》可是个哲学文献，二者说的似乎是同一件事。要准确理解苏格拉底将对美和真理的爱等量齐观是什么意思不是件容易的事，但这个对话无疑对这一比较是认真的。它看上去似乎的确主张追求排斥占有，以及拥有某物不是想要它。但这只不过加剧了问题。诉诸苏格拉底一点都没有让问题变得容易。与通常一样，把苏格拉底弄进来，原本似乎是清楚的事变得糊涂，关于真理悖论的反思也不例外。确切地说，通过提示我们自己悖论的苏格拉底版本，我们避免了这样的迷信，仿佛悖论只是基于语言如何 38
表达现实的困惑。苏格拉底从我们如何爱美的角度将真理与美相比较，赋予了这一悖论相当高的声望。但在苏格拉底版本中同样包含许多深刻见解。苏格拉底通过类比于对美的热爱，似乎暗示我们，真理中不仅有悖论，而且悖论中也有真理。也就是说，如果苏格拉底的见解是正确的，真理不是单单依对真答案的思考而获得，而是通过寻求对不可解决的问题即对悖论的理解获得的。正如爱不能经由冲动的满足而解决，因此真理不能通过质疑的满足而获得。真理不是答案。真理是提问。答案可能是真的，但它们不是真理。

认识到*真理*在提问中被发现和*真*在答案中被发现，有助于解决由苏格拉底的被处决被认定是献身真理而产生的困惑。

成千上万不同信仰的男人和女人为他们的信念受难和牺牲，因而其殉道义举令我们钦佩。我们不必同意其信仰以尊敬他们——他们坚信就足够了。人们通常认为，对于牺牲的勇气

和神圣性来说，信念完全不必为真。然而，我们似乎也崇敬一
些人，主要是苏格拉底，他们不是为信仰而死，也不是为一些
个真（truths）而死，而只是为大写的真理（Truth）本身而死。
分析之下，这通常意味着苏格拉底或其他献身的哲学家宁可接
受死亡也不肯放弃他对真理充满激情的追求。然而，这一分析
很少把我们引到将他们的牺牲重新贴上为*探索*真理而死的标签。
我们坚持说苏格拉底为真理而死，而不是仅仅为对真理的探索
而死。即使是苏格拉底自己也绝不会声称他的所有判断或信念
都是真的。因此，再重申一次，苏格拉底的信念的不真并没有
阻止我们断言他为真理而死，正如殉道者*信仰*的真实不妨碍我
们认为他是为信仰而死。我们坚持认为，殉道者是为其*信仰*而死，
即使这些信仰是真的，而苏格拉底是为*真理*而死，即使他的信
念是假的。而这似乎引起了严重的问题。因为苏格拉底的死肯
定是因为他一生都在探索，而不是因为他所说的都是真的。我
们确实不接受后一种主张，但我们的确肯认前一种说法。当我
们认识到*真理*（而不是*真*）本身是最高的疑问，这一点变得更
清楚。苏格拉底，作为提问者，不是为提问而死，而是为真理
而死，因为真理本身是最崇高的一种提问。但在解决苏格拉底
如何能被说成是为真理而死这个较小的疑问的时候，我们难道
没有揭露出更大的悖论？如果我们坚持问题比答案更重要——
39 更真，想必我们已经丧失了尊重答案的所有权利。如果我问：“什
么能治肺炎？”重要的是答案（“现代抗生素”）而非问题。在
这种情况下，问题代表对不确定性的焦虑，担心孩子死去，因
在至关重要问题上的无知而陷入无助状态。相应的答案是解脱，
以及对医学进步的感激和崇高敬意。因此，答案肯定*是*高于问题。

它们当然是这样。如果你的兴趣在于解决问题或知识的增长，问题只是用以取得长久以来所寻求的答案的必要步骤：健康、幸福以及长寿。但尽管这些都是必需和值得追求的，但目前我们的问题是关于真理而不是真答案。因此，重要和紧迫的是再一次回到问题作为理解真理的意义的源泉的哲学意义上。

让我们假定这个句子是真的："猫在垫子上。"然而，即使这个无害的句子如其所示的那么简单、直接，它的意思是什么并不明白。说真的，只是那么直白地写在那，可能一点意义也没有。为什么会有人讲这么个事？也许人说出这个句子只是回应他妻子不安的问题，"亲爱的，猫在哪？"那么，上面这个句子的意义是定位。但一个恼怒的邻居也许会问："垫子上那个讨厌的灰东西到底是什么？"对这个问题的回答现在是辨识而非定位。而对她的宠物的声音很熟悉的孩子也可能问这样的问题："我的猫在垫子上还是垫子下？"现在这个句子的功能是确定。但是，定位、辨识和在不同选项间确定是三种完全不同的行为，它们全用同一个句子来表达。因而，十分明显的是，句子就其本身而言并不具有意义——因而甚至不可能是真——直到我们知道引出它的前此问题是什么。离开在先的问题，句子作为回答是不完整的。说到底，人们通常不会突然走过来说些完全不相干的事情，这些事也许碰巧是恰当的。除非你是个达达主义者或正在练习表达，否则句子应该发生在语境中，而语境几乎总是可以依前此可能的提问被清楚说明。因此，有能力提出问题乃真理的之处所。这意味着从被接受为真的句子回到前此的问题，而不是答案。

然而，猫在垫子上的例子只是意在表明回答不是独立于问 40

题的。这指出了问题的在先性。但是，当一个人说为真理而生或而死时，他心里通常关注的是存在的崇高与巨大的神秘。哲学家问关于上帝、命运、苦难、实在的问题，而不是关于猫在垫子上的问题。这些，我们说，是终极的问题——那些真正要紧的事情。

但以这样的方式说话，我们是否揭示了对哲学家来说那么强有力的特定悖论？我们说的是伟大的问题，而不是回答伟大。但以上关于猫在垫子上那个句子的分析肯定不只是断言以问题为前提，还有问题如果要是合理和有意义的，必须存在可能的答案。然而，哲学家[在答案中]终结探索的观念则几乎被当作是亵渎神圣。因为黑格尔在他的《精神现象学》的导论中说他用对知识的占有代替对它的爱，大多数读者要么不相信他的话，要么认为他对知识的理解本身是如此奇特，他的断言并未威胁到哲学穷诘与好逑的本色。因此，悖论依旧在那。哲学家是提问的人，但对于如此终极的问题他不能指望有答案。可是，没有答案的问题就像缺失提问的答案同样可疑，即使我们承认疑问能给我们提示关于真理意味着什么的深刻理解，我们仍然想要坚持某处有答案。

悖论不可能仅仅用这样的手段进行无害化处理，即坚持这样的答案比大多数的答案更难被找到，以及由于其问题的高端和棘手，哲学家们在发现他们一直寻找的真理方面可悲的不成功应被接受。问题是，在哲学史上有许多成功的答案，但这些答案却让人特别不满意，因为尽管它们确实提供了一种回应，但也引发了更多的追问。哲学的悖论不在于没有答案，而在于答案变成了更深刻的问题。

无论如何，真理的悖论不仅仅是概念上的疑难，它照亮了聪明的心灵，令门萨[①]成员心醉神迷。在我们自身困惑的生存烦恼中，这一悖论作为真正痛苦的来源隐然出现。对作为人类这一物种成员的我们来说，我们并不拥有无限的智慧，甚至不拥有无限的知识，尤其对于那些重大的问题更是如此。上帝是实在的还是幻觉？我们只是动物，除了快感的满足没有更高的使命？我们为什么存在？道德为什么要紧？看来我们对这些问 41
题中的任何一个都无法确切地知道答案，因而我们逃避于自己的无知中，满足于信念。无论如何，正是随着引进信念与疑惑的二分，对真理的焦虑变得如此恼人。因为，我越是相信，我就越不希望自己也许是被误导了——在许多会厚颜地在假信念中发现优点的人们当中确乎存在一种固执的傲慢。(“我不关心它是否真，只要我接受它而且相信就够了。信念是我的救药，它是如此辉煌，我将坚守信念，即使它被表明是矛盾和不真实的。”)因而，信念似乎隐含对批判功能的搁置甚至对真理的冷漠。信念因而是真理的敌人。我越是相信就越不愿意质疑，随着质疑的退场，不可避免的是对真理的关心的萎缩。

然而残酷的是，与相信比，质疑并不是真理更亲近的朋友。我们最容易陷入的思想错误之一是普遍怀疑论。有一个关于前苏格拉底时期最伟大的批评家克拉底鲁(Cratylus)的故事，他在任何事情上都能找出可能的反驳，这种尽显其本事的成功

---

① 门萨(Mensa)是罗兰德·贝里尔和兰斯·韦林于1946年在英国牛津创立的一个以智商作为入会标准的俱乐部，其成员资格被认为代表高智商。

最终让他成了什么也没法相信的人，因此，他最终完全停止说话、交流和交际，退回到接近僵尸般的消极状态，只在饥饿时才能看出是在屈尊动动小指示意他的奴仆。克拉底鲁的怀疑主义超出怀疑主义的任何和所有理由。如果过度批判让人无法动弹，它也是真理的一个敌人。克拉底鲁的鬼魂在每个思想者的肩上若隐若现，其凶险一如最顽固的鬼魂。这种痛苦不容置疑——怀疑和信任一样，对真理是有害的。

困难在于，理解过度的界限究竟在哪里。什么时候是过度怀疑，以及什么时候是过度相信？不是任何怀疑都对真理有害，难道每个相信都是从真理后退？承认我只是相信似乎隐含对批判性思考缺位的承担，而任何质疑似乎将我置于克拉底鲁怀疑论的滑坡论证（slippery slope）。但是，除非我质疑，否则我没有批判的资源，除非我相信，否则我注定陷入虚无主义。如果我信任信念，我是真理的敌人；如果我如此富于批判精神以至于成为怀疑论者，我极可能是真理的敌人。那么，真理是完全非批判的不相信吗？如果是这样，真理没有意义。

42 我们似乎与我们的人性一道遗传了对真理悖论的苦恼。存在整个说来就是被怀疑与相信的二分所困扰。在这件事上诉诸适中没什么用，因为，就算我们想要持中，我们究竟怎么能知道我们的怀疑何时过分了，或者我们的相信又何时天真了？“在你所相信的事上怀疑一半”不是适中而是愚蠢。哪一半？如果我要考虑哪一半，我只能批判地这样做，而这就是全都不相信，克拉底鲁几乎要为钓到的另一个牺牲品笑起来了。

这种痛苦的折磨是如此真实，许多人被说服在非理性中寻求庇护。正因为苦难喜欢同伴，更多的人似乎宁愿忘掉他们批判的质疑而不是非批判的相信，但孤独的克拉底鲁和如影随形的偏执者对真理来说都是陌生人。正是意识到了这一点，才使得真理的悖论如此残酷。

然而，悖论之为悖论，不允许我们在怀疑或执迷中找到安逸的避难所。在二者那的威胁是一样的：探索的中止，恰恰因为在二者那里真理都是被否定的。苦恼必定延续，而完全因为我们可以并且确实仍然在探索，在两个极端中的虚无主义得以被避免。从事实的观点看，悖论只是发挥催促探索的作用：我们拥抱真理，哪怕是未知的真理，而不是接受怀疑主义和偏执固有的虚无主义。除非我（批判地）质疑，否则我不能探索，这是真的；除非我相信，否则我不能探索，也同样是真的。我理解因为我相信（*Credo ut intelligam*）。问题不是我该怀疑什么或相信什么，好像你可以在事前就做出这样的判断。相反，这是一个认识问题，即最深刻的信念已经是批判，最有根据的批评已经是信任。

一个美国人，批评美国宪法，不是决定要质疑接受公正审判的权力和相信新闻自由，相反，在承认不负责任的媒体威胁到被告假定无罪的权利时，批评家在肯定两者的同时也限制了两者。在盲目假定媒体出版可以无视诽谤的想法中有一种偏执的天真；假定法律约束是对出版自由的全盘否定则是克拉底鲁式的怀疑论。严肃的宪法批评者在他心中检验这些冲突，不是因为他否认它们的重要性和价值，而是因为他接受它们。除非爱国的批评家承认完全的新闻自由和无罪推定的权利之间的张力，否则他将永远不能体会这一政治文献大本营的无限丰富性。当他认识到为了确保对被告的公正审判，必须对言论自由进行 43

必要的限制时，他必须畏缩不前；当无处不在的报刊似乎威胁到假定无罪理论中固有的隐私权时，他也必须畏缩不前。正是因为他关心这三者——宪法本身、新闻自由的权利和假定无罪的权利——所以他既对这些看似相互冲突的制度进行严厉的批评，又对其怀有深深的敬畏。批判但信任，信任但批判。因此，尽管真理悖论的苦恼是真实的、折磨人的，但真理本身要求悖论，因此它又似乎是不可避免的：真理的悖论就是悖论中的真理。

第二部分　确立论域

四 “真”与“真理”

我们提出问题看来是为了结束问题。发问是为了得到答案，47
答案消解问题。如果我们问“门是关着的吗？”并得到正确的回答“是的，它是关着的”，于是我们不再发问。的确，超出正确答案的要求似乎毫无意义，因为一旦我们接受了答案是真实的，我们就不会感到惊奇、不确定或怀疑。真答案终结提问。特定问题本身似乎无非是一个引出真回答的邀约。说到底，提问似乎只是反映了我们对问题的无知和想要矫正无知的愿望。当然，你永远可以提出其他问题——谁关上了这个门？——但这样的问题不过是伴随着想要知道实情的愿望的另一个无知的例子。一旦我被告知门是关着的，我继续问它是否是关着的就毫无意义。

然而，即便对那些我们知之甚稔的事情，我们似乎仍然能够有疑并且中叩问。我完全明白这人是我朋友，但对这一事实的确定丝毫不妨碍我琢磨什么是友谊。友谊存在的特定事实在我身上激起了进一步探究的欲求。不过，这个进一步探究的本质不是直接明白的。很容易理解我为什么想知道门是不是关着或某人*是不是*我朋友；但如果我对自己的朋友相当满意，那为什么我会想要知道友谊是什么*意思*？意义问题的提出一点也不会改善友谊。这样的探求不会让我成为更好的朋友，也不会带给我能转换为实践利好的见识。但是，如果这一新的类型的提问不会让我成为更好的朋友，它能给友谊带来什么？也许什么也不能。

这一异议必须加以重视和考虑。如果探究不能产生任何有
48 益的结果，那为什么要问这样的问题？诱人——实际上几乎是不可抵御——的看法是坚持认为，这样的问题就可以增进友谊，哪怕只是为了让我成为一个更明智的朋友。但和所有诱惑一样，这一诱惑允诺的比提供的多。可以肯定的是，这些超出实际考虑的问题不是空洞和没有意义的。这样的问题极大地改变了提问者，不过不是作为*朋友*而是作为一个*探究者*。

有一个进一步的诱惑应该被抵制。通过超出我们友谊的既定和公认的事实，进而探究这样一种关系的意义，这会被想成我们可以发展出对作为朋友更深刻的领会。但即便这样的事情也许会发生，它既不是探究这样的问题的理由也不是其合法性的辩护。一个常见的误解是，从努力的结果中获得的快乐被完全理解为努力的动机或原因。在履行我的义务时我可能会获得确定分量的满足，但由此并不能引出这一满足是我义务之举的理由的结论。同样，我因提出超出确定事实之上的问题而获得的任何赞赏或满足都不能解释提出问题本身。

那么，这一进阶之问所造成的改变是什么？如果对友谊的意义的追问改变的不是作为朋友的我而是作为探究者的我，我们应该如何理解这一转变？一个直接的变化以一种明显的方式

显示出来，那就是问题本身的地位发生了变化。因为，与门是否关上了的问题不同，在此，回答既不满足也不解释问题——说实在的，对于第一类问题来说，具有根本重要性的回答概念在确立问题的正当性方面丝毫不起作用。当我们问一件事情是不是这样，得到一个消除疑问的、决定性的答案的可能性似乎是这个问题的合法性的必要条件。假如有人问门是否关上了，我们首先是把它当作一个有意义与正当的问题，因为它可以以这样或那样的方式给予正面回答。假如有人问在特定背景下某件事情是不是实情，而对此不存在类似的可能答案，我们就会质疑问题本身的合法性。“绿色有几斤？”是无法回答的，因此问题本身就受到了指责。但是，在提出“友谊意味着什么”的问题时，我们并不假定一个缓和的、决定性的答案就能满足和证明提问的合理性。当然，必须有一个可能的回答；但现在的问题是回答的基础，而在第一种情况下，回答才是问题的基础。 49
这完全不是由于意义之间的复杂性或深刻性。许多事实性问题相当复杂和深奥。确切地说，两类问题的根本区别是基于其各自被提问的方式，依此问题是可以理解的。看来清楚的是，第一类问题——问某事是否为实——合法性的根本前提是真答案的可能性。在第二类问题中，为确定问题的合法性而必须预设的前提是其真理的可能性。因此，为了明确起见，我们可以对真与真理进行正式区分。这种区分是暂时的，还不够精确。但此时此地最重要的是，我们要认识到，这种区分源于所提问题的种类。问“是否”“什么样”或“如何”，是在假定一个真答案；问“意义”或“本质”，则是在接近真理。

这一区分并不限定为事件或因果。说真的，将第二类问题解释为意义的求索是误导性的，因为由真这个概念所支配的第一类问题同样关注意义，虽然与由真理所支配的问题所关注的意义是不同意义上的。

我问：什么是母亲？字典的解说是：女性家长。定义是成功的，不再有进一步发问的需要，事实上没有进一步的可能性。

然而，完美地知道了母亲是女性家长，我们在这一可接受与正确的定义之外看来可以琢磨和追问。对作为一个母亲意味着什么我们是怎么想的？母亲不顾所有道德约束宽恕其子女；她们超其所能地付出，不顾自身利益地爱。一个母亲以令人震惊的凶猛护犊，在她的宽恕、爱、付出与庇护中，孩子逐渐知道自己作为孩子对她是很要紧的。无限的宽恕与无穷的付出告诉我们什么叫母亲。

但不是所有的母亲都爱和宽恕，而所有的母亲都是女性家长。词典编纂者由此被确立为真定义的来源，因为他的阐述覆盖所有母亲，不论好的还是坏的。可是，一个没有爱和宽恕的母亲是一个*真*母亲吗？词典编纂者的界定是真的，但这是否定义了一个真母亲？一个“真母亲”和一个“好母亲”是不一样的，因为一个好母亲可能知道，她本能的宽恕在教育她惹麻烦的孩
50 子上会有不好的效果，从而检讨之，认识到惩戒不仅是应该的并且是有益的。这样的一个母亲既是真母亲也是好母亲。但由于偏颇的同情而宽恕她难以驾驭的孩子的母亲太常见了，她不是个好母亲，然而这却不妨碍她是个真母亲，因为我们恰恰基于其为人母而理解其宽恕。当“作为一个母亲意味着什么”解释了她的奉献，我们*依真理*理解了作为母亲的她。为了真理的存在，我们不但必须理解什么是真的，还要理解什么在真理中

被理解。

当我们反思母亲令人敬畏的宽恕和保护能力时，肯定会对母亲有更多的理解，但真与真理之间的区别不单单是用一套表述替换另一套。对作为母亲本质的母性宽恕和母爱反思没有提供答案，反而引发一个乃至一系列的问题。我们不但知道母亲袒护，并且为之惊叹，又因为这样的袒护常常是毫无道理的，我们为之困扰。对此我们应该怎么想？应该指责母亲过于感情用事吗？［行为不当的］那孩子难道不该处罚反而应被宽宥吗？这股力量和感情从何而来？因为当我们将母爱的本质锁定为可以为了袒护无视正义，我们很难对此表示尊重和敬意。同时，即便母爱并不总是得体和有分寸，其力量令我们敬畏和惊叹。我们不得不思考，正是因为这种更深一层的剖析引起了冲突。因此，作为真理而非真的场域的本质，总是充满困扰而非满意。

母亲的例子也许会误导我们，让我们以为只有情感的或价值渗入的（value-tainted）概念才可以这样思考，但即使是最价值中立的概念也可以在真和真理的层面上加以审视，而后者总是引发令人不安的思索。我们可以用“物质占有空间”来定义物质（就像笛卡尔那样）。这自称是个真定义，如果我们接受它，疑问就被终结，不必再加探究。但是，如果我们由“真”向“真理”探索，由告诉我们这是什么的定义或告知我们是否如此的断定，到向我们表明其意义为何的本质，我们就会遭遇哲学思维中的一个巨大悖论。不错，物质占有空间，但究竟要占据多大的空间才能称得上物质呢？有没有最微小的粒子？不论我们想象它有多么细微，我们还是可以想象它被进一步切分。51
于是有空间本质的问题，它是否无限可分或者最终不再可分，揭示了我们思考物质必定的根本方式。我们于是理解物的本质作为一个深奥问题，再说一遍，并无确定答案为立足之地，这些问题就其本质看是无定论和相对的。看上去似乎你可以随便提出任何你想提出，或者是在特定时间里烦扰你的任何问题。只有答案揭晓知识，因此，提问仿佛是完全任意的行为。问题，它呈现的只是我们的无知并且因此是无穷无尽的，如何可以带给我们对任何事物本质更深刻的理解，从空间到母亲？

当然，并不是任何问题都能这样。在以上的例子中，问题本身和任何回答一样，都具有精确性和启发性。问物质或空间是否无限可分以较之其他问题，譬如它从哪里来或具有什么样的属性和特征，更能凝聚我们的思考。在这一更高层次的意义上，问题与其说是无知的陈述加上求知的欲望，不如说是指引我们走向人生旅途中狭小入口的灯塔。正是因为在这个层面上，提问就是探究，而探究就是前进，所以问题具有启迪之源的作用。

因此，在真理场域中，提出假问题成了比假答案更大的危害。虽说毫无疑问，在真的场域，事情正好反过来。在真理场域中，提出问题不是未知，因为我已经知道。我知道母亲是什么、空间是什么。当我越过这样的知道，提问所为是将我的思考引向本质或意义，那就是，这样的概念的可思议性（thinkability）。但如果事情是这样，那假的一步不在错误的声称或不恰当的回答，而在假的提问。探索本质意义的成功步骤因而将由一系列精益求精的问题来标示。“那不是恰当的问题；更该问的是……”或者“这样构想问题是误导性的，问题不如沿着以下思路推进……”换言之，我们为了学而问，但我们学以便问。

能够恰当地提出问题恰恰是最伟大哲学家的才能。人类智慧（不是“科学”）的所有进步端赖非凡的发人深省的新问题的提出。当然，只有那些深深涉入这种事情的研究的人才会有可能提出真正深刻的问题，因为“问”本身构成明哲意味着什么的 52
本质方面。

意识到母亲的宽恕超出了正义所允许的范围，空间必须但不能无限分割，这些不仅仅是困扰现成分析的难题。我们为这些概念的两个面向而感到惊讶。除非因冷漠而麻木，心灵诧异于自身规则的挫折。然而，很少被重视的是，那令我们有惑和导致我们惊讶的是，这些对进一步思考的召唤正是对真理的揭示。我们被母亲们无底线的袒护所震惊，正是因为我们意识到，像母亲这样的一些令我们困扰的概念，以某种方式向我们显示，如果我们想要理解这世界上有母亲这回事的意义，我们必须如何思考。终极可分性的无解悖论表明，如果我们要达到对空间最深刻意义的理解，我们必须如何思考。因此，不仅是冲突或疑难揭示真理，还有伴随我们对这些总是难以捉摸的概念的惊讶与困惑。

真和真理之间的区别部分依赖于，尽管不是完全依赖于，我们区分引发终结性答案的问题和那些揭示出我们对意义的思考所带来的更深刻的惊讶的问题的能力。这一区分不是在日常语言使用中产生的，好像我们总是用“真理”意谓关于本质的高端问题，用“真”意谓在答案中所确立者。区别远比这来得根本。另一方面，这一区分也不在任何方式上暗示真理是较不客观的，似乎我们的情感与激情，作为多样和相对的，令真理在某种方式上是主观的。“真”和“真理”这两个词都从根本上抵制任意或相对的意义。说到底，这两个词只是同一中心意义下的两个变体。

从哲学的一开始，这种区分——虽然并不表述为真 / 真理之别——已然为一些著名思想者所认定或运用，但没有在哪个文本中像在柏拉图对话中那么有力。在《拉克斯篇》的论辩中，苏格拉底以他在讨论中总是表现出的举重若轻技巧揭示了这一区别。拉克斯是个干练的将领，他完全知道什么是勇气：他知道如何在他的士兵中发现它，如何鼓励其将士获得它，以及知道它在战场上的价值。以为勇士拉克斯不了解勇敢的德性太荒
53 谬了，他到苏格拉底这来是寻找教育他孩子的最好方式。他对勇气有足够好的理解，这一点在他给苏格拉底的第一个定义中得到证实："勇敢的人不逃跑，他坚守阵地打击敌人。"（191D；Jowett 译本）这是一个生动和很有帮助的描述，关于勇气它所告诉我们的在许多方面实际上比苏格拉底本人在几个段落之后的走样的分析告诉我们的更多。苏格拉底接下来开始他通常的论点修正，于此，原本过于狭隘的界定被拓宽，从而变得更具普遍性。他指出，有这样的情况，于彼战略撤退明显是勇敢行动，因而"坚守阵地"也许是误导性的，拉克斯马上就同意了这一修正。不幸的是，许多评论者都在这一语词调适中看到了这一对话的核心矛盾，这是荒谬的。应该指出的是，拉克斯的第一个对勇敢的定义是极好的备选项，如果"坚守阵地"这个短语可以多少自由地甚至隐喻地处理为意指"达成指定任务"，那即便对一个挑剔的咬文嚼字者来说，这一定义也是可以接受的。

拉克斯应邀提出一个更好的定义，对此他迅即答道："勇敢是一种灵魂的坚忍。"（192C）藉此读者又一次看到，拉克斯对

何为勇敢的了解堪称完美，并且在表达方面也毫不笨拙。这第二个回答表明，对勇敢的问题他是想过的，并且将他良好的心灵引导到不单单是描述它，这一点他在第一个尝试中做得相当好，而且在实际上剥离出其本质意义。如果把“坚忍”换成“坚定”，这一提议绝不是没有价值的。

苏格拉底又一次坚持挑战这个说法，但不再仅仅是试图拓展过于狭窄的描述。他问是否所有的坚忍都是高尚的，以及是否在一个人有勇气——或任何与此有关的德性——之前你必须有智慧。这个问题显著地深化了探索，因为现在苏格拉底准备表明问题究竟在哪里。他问道：“如果有两个人，一个是经验丰富的老兵，而另一个是没什么经验的年轻人，假如他们上战场，哪一个会更勇敢？”拉克斯回答说，那个更为青涩的年轻人会更有勇气。

但这当然恰恰就是悖论。对悬在头顶的危险没有明确的概念的新兵当然也会恐惧，但比精于此道的老兵——他的本事与经验带给他信心——更有勇气。对人性有所了解的人都知道，战斗中不仅要面对外在的敌人，还要面对内在的敌人，即一个不确定的灵魂的颤抖和未经考验的精神，这需要多大的勇气。 54
然而，这么个问题完全转变了此前的那种思考。我们不再只是试图寻找一个足够广泛的定义，我们现在是在与勇敢的悖论搏斗，它迫使我们思考它。失败的可能性，对没有坚守岗位的恐惧，竟成了勇气的源泉和精神所在。然而，如果勇敢是高尚的——当然是——那么这看起来好像是我们必须承认，无知和恐惧是高尚的必要条件。和我们对母亲逾越正义的袒护和空间必须但不能无限分割的认识一样，这一发现震惊了我们，让我们进入最深刻的领悟。我们现在必须在一个完全不同和确乎更高的层面上考虑问题。因为我们现在所关心的不再只是发现勇敢是什么——拉克斯刚刚已经向我们表明了。确切地说，我们现在所问的不是关于勇敢的人，而是我们自己的想法。我们如何思考勇气？为什么，通过将无知与智慧进行对比，通过认识到勇气作为人的美德必须符合人的处境。对无所不知的上帝而言没有勇气可言。在疑问与智慧间的烦扰是场斗争，这就是勇气。我们遭遇的是德性的本质；我们思考的是勇气的真理。

在从拉克斯两个完全可以接受的定义到苏格拉底直面勇敢本质的转折中，对话将我们的注意力从什么是真的引导到真理。举出这个例子并不是作为理解柏拉图对话的一个资源，只是帮助我们了解，为了理解这两种进路的不同，我们必须做出某种区分。

在母亲的个例中我们已经看到，即便将母亲定义为女性家长完满为真，这不是我们对母亲的意义在真理中的理解，因此，真 / 真理的区分被给出以澄清与命名这一区别。在柏拉图对话的实例中我们看到，拉克斯在给我们以真描述方面相当能干，反之，哲学家苏格拉底所关注的是真理。然而，在这两个例子中我们进而看到，（1）真理看起来内含某种疑问，它不能仅仅通过苍白的答案被说明，和（2）对真理的探究似乎总是预设某种本质。以及最后，我们看到，（3）对本质或“真理”的探究不是为实际或功利性的目的：对友谊本质的探究并不必然使我
55 成为一个更好的朋友。（这一点在竞赛的例子中也许在直观上更为明显；对竞赛本质的理解并不会让我成为更好的竞技者。）

所以，哲学家是唯一追求“真理”的人，而所有其他学科

的人关心的是为真之物？这也许是一个过于强烈的说法。但如果说只有那些关注事物“本质”的人才能被称为关注“真理”，这也不为过。因此，我们现在似乎不可避免地要探究“本质”在寻求真理的意义中的作用。

五　真理与本质

叔本华在《作为意志和表象的世界》第三篇（§ 34）中写道： 57
“通过心灵力量的提升，我们放弃了考虑事物的日常方式……不再考虑事物的地点、时间、原因和去向，而只是单纯地考虑‘是什么’。”他随后说，思想家和诗人“知道事物的本质，它处于所有的关联之外”（§ 37）。因此，思想和艺术的最高境界就是直接面对事物的本质。海德格尔在他的《艺术作品的本源》中写道：“某物实质性的本质何在？应该就在于实体在真理中之所是。”是以，对叔本华和海德格尔二者而言，真理只能在事物的本质中被发现；真理是关于“本质”（essence）的，因而，“本质”，如叔本华所说，超然于“考虑事物的日常方式”。同样，柏拉图在《理想国》洞穴寓言对哲学家的著名刻画中，将对真理的这一关注从日常关注中移除出去。哲学家，被定义为因真理而爱真理的人，是让自己走出洞穴中的日常社群，并且竭力将自己从他们所关心的事情中解脱出来，以直接把握本质或者说事物在真理中的理型的人。

三个完全不同的思想家，来自截然不同的时代，有完全不同的哲学视野，却统一于这一重要的领会上：真理是与本质稀有和超越日常的相遇。为什么真理只在本质性的“什么”中？即使如此，为什么真理要只属于少数人？你可以理解柏拉图作为贵族对这种事情的坚执，但叔本华和海德格尔两位都是生活在伟大的反贵族统治革命之后的现代思想家。然而，所有这三
58 位思想家似乎都将这两个观念——精英主义和真理的本质主义——连接在一起。我们该如何理解他们？

也许这种精英主义只是一种罕见的现象。就像贞洁或圣洁一样，也许真理对于大多数人来说太难实现了。或者可能类似才华或天才：很少有人写东西能像莎士比亚那样，作曲像贝多芬一样。因此，也许只有很少人能做出必要的努力直面纯粹本质，因而它是稀缺品。如果这就是它所意谓的，这只是一个经验观察，它也许真但不必然真。真理获取之为纯粹罕见之事也许不在于智力或悟性的缺乏，而只是由于冷漠。大多数人对本质从而真理无所理解，只是因为它不像他们所关心的其他东西那么重要或是有趣。精英主义也许是更低下的：它也许由于心理变态，某种像是天生跛足那样的残疾。真理只留给少数人，或罕有的时刻，从而看上去是一件非本质与偶然的事情，不值得加以刻画。

然而，这三位思想家都从更深层次分析了寻求真理过程中固有的精英主义。首先，这些分析中隐含的精英主义并不只是数量上的稀少。只有极少数人能够掌握基本真理，这是否是人口学上的事实，不值得考虑，只能作为一种警示，即获得真理的方法不能是民意测验者的方法。可喜的是，关于人们是如何“感觉”真理的社会学民意普查无关紧要。更确切地说，在寻求真理的过程中，精英主义的想法是概念性的。叔本华说得好：只

有当我们“摒弃考虑事情的日常方式”,本质的真理才能被赢取。因而，思考本质不仅是非寻常的人，而且是以非寻常的方式思考的人。也许只有非寻常的人才会以非寻常的方式思考，这是一个偶然事实，但这样的事实不一定是必然的，因此并不重要。重要的是,我们必须认识到,存在着寻常与非寻常两种思考方式，而柏拉图、海德格尔以及叔本华都非常注意解释这种区别。那么，在概念性意义上，哲学的精英主义确乎是本质性的，甚至有助于阐明真理精深高妙的意义。

那么，什么是“寻常思维”与“非寻常思维”的不同？叔本华的分析可能是最清楚的：寻常思维他指的是按照充足理由 59
律思考，那就是，依空间、时间、因果和目的考虑问题。这是我们为解决问题而进行的那种思考，理解事件的意义，带来我们欲求的满足。另一方面，对叔本华来说，非寻常思维，唯一聚焦于本质或“什么”，必须抛弃充足理由律，除了纯粹的意义别无他虑。拉克斯关于勇敢的真定义，与苏格拉底在真理中对勇敢的哲学理解的区别，至少已隐约告诉我们非寻常思维意味着什么。

但为什么是“本质”？即便我们肯认“真”与“真理”或叔本华所谓“寻常思维”与哲学家的“非寻常思维”之间应该存在区别，这里所说的“真理”或“非寻常思考”跟本质有什么相干？与之相关的为什么不简单地是事物，或实在，或关系？

由我们对术语恰当和有意义的使用表明的我们对概念的貌似熟悉，导致一些思想家，尤其是维特根斯坦，否认存在任何本质。确切地说，这些思想家认为，术语的恰当意义就是其恰当用法。哲学概念没有什么更深的或神秘的意义，而适当的哲学分析在于，以治疗的方式消除我们对日常语言中显而易见的东西以外的任何探索的需要。罗密欧爱朱丽叶，我们大部分人都确切知道这是什么意思。从他们的举止中我们可以看出他们对彼此的感觉的明显证据，由于他们和我们都正确地使用这个词，显然“爱”根本就不是什么问题，因为事实上我们已经完美地掌握了它的意思。诚然，当一个人试图定义爱或分离出爱的实质，这是个问题；但这不是由于爱天生不可言状，而是由于以为真的有本质这回事的概念幻觉。我们对爱十分熟悉，因为我们在世界上可以辨认它，在我们自身中感受到这一情感，或者正确运用这个词。可是，我们把握不住爱的本质或其他任何事物的本质，因为你不能把握不存在的东西。“本质”不是事物，而是一时迷糊，将抽象跟具体的东西相混淆的结果。又或者是将纯粹精神的东西实体化的谬误。为爱的某些神秘“本质”叹息或痛心难过，在哲学上是某种形式的神经官能症——或者像在戏剧《云》(*Clouds*)[①]中苏格拉底那样的精神失常的人，甚至可能是精神病——那干脆必须送院治疗，这是对这些词的恰当分析。

60 由于真理似乎只是从各个真命题的个例中抽象出来的，而且我们显然的确知道怎么用“真”这个词，关于它没有什么神秘的东西，因此，在我们以为有重大麻烦（problem）或问题（question）的地方，最终表明只是所知为抽象概括的普通事件。真理是各种特定真事件或真句子中共同的东西，因而，除了这

① 《云》是古希腊最伟大的喜剧作家阿里斯托芬（Aristophanes，约公元前446—前385）的作品，以嘲讽、攻击苏格拉底为主题。

些［分析哲学所谓语言的］治疗性改良之外，思想家对它不会有什么兴趣。同样,正因为不存在这样的事情,中世纪的“本质”概念不再是不可抗拒的。确切地说，真理这个词的不同用法所展示的是一种家族相似性。作为其结果,真理的本质是不存在的，因为，严格地说，本质已经被家族相似性所替代，真理被理解为一种抽象［共名］。

这一有趣的分析似乎很有吸引力，尤其是考虑到前几章的论述。在一个轻快的再分析中，我们除去了悖论的所有烦扰，接受了任何必要的治疗，使我们不再提出毫无意义的问题。对于所有思想家来说，不屈服于沉湎言语奇境的诱惑是非常重要的，这正是因为它们是虚幻的。

毕竟，除了能够正确地使用真理这个词，以及辨别哪些人有这种能力，哪些人没有这种能力之外，我们还能想要对真理有什么了解呢？除了正确使用术语之外,我们还能追求什么呢？维特根斯坦主义者说，寻求本质或终极定义的哲学家只是认识论上的精神病患者——在寻找根本不存在的东西，难道他们的说法不正确吗？就像精神分裂症患者在普通对话中听到威胁一样，哲学家们难道没有听到奇怪的声音在向他们招手，让他们去到普通人无法企及的神秘深处吗？一个艺术家说他爱美，只是说他欣赏这个美丽的女人、那座美丽的山、这些美丽的孩子。但是，哲学家声称他热爱真理，显然并不意味着他热爱这个真命题、那个真主张或这些真判断。“墨水会染色”的主张有什么值得热爱的呢？它是真的。但是，既然这样的真理不值得爱，甚至不值得尽职尽责地关注，哲学家就必须以某种方式说服我们，让我们相信真理是一个深奥而神秘的东西，而它只是从各种已知真理中抽象出来的，其中有些真理可能是有趣的，但不是最有趣的。

考虑一下年轻的父母在他们头一个孩子出生时通常的表
61 现。他们在孩子出生的奇迹中变得滔滔不绝，表达自己对生命神秘的惊叹，对人类婴儿这个礼物表达感谢，这礼物现在奇妙地是他们的了。但是我们知道这里一点神秘的东西也没有，基于这种事情发生的频繁性，也没有什么值得惊叹的。我们知道所有因果关系，所有医学解释，所有的惯例、异常和预期，因此，这不是奇迹。我们其实还知道，这种惊奇感很快会转变为木然的接受。年轻父母用“奇迹”和“神奇”表达的不过是他们突如其来的感受，触动他们的是新奇。他们对自己孩子的倾情投入是自然现象，种族繁衍让它植入我们成为本能。他们诉诸神奇、奇迹以及神秘，不过是其自身缺乏经验和词汇贫乏的表现。

但至少年轻父母知道他们的孩子是实实在在的。哲学家变出来的孩子——本质——则转瞬即逝，它甚至晚上不哭也不尿裤子。

我看看腕上的表，知道时间。我对“表”的使用是恰当的。我知道表的用处，以及怎样让它工作，知道它的价格、它的可靠性。假如有需要，我甚至会读钟表的历史，包括表盘刻度是如何有趣地被划分为十二等份。但是，除了这些纯粹的实际问题之外，还需要了解手表的其他方面吗？如果我受雇编写一本字典，我可能必须使用一些语言上的修饰，但表达的技巧并不特别。首先，我可以把手表定义为一种人类创造的工具，小到可以戴在手腕上或放在小口袋里，通过指针指向十二个数字来计时和测量时间。但有人可能会指出，现在已经出现了电子表，因此需要对其进行改进。除此之外，就没有什么需要了解或理解的了。手表的定义应该足够宽泛，以包括各种变体，也应该足够狭窄，以排除较大型的钟表，但并不存在本质，也不存在该术语所有用途的单一所指。除了时空中那些实际的、常见的、非神秘的、功能性的东西“手表”之外，还有什么呢？还有一个抽象的一般概念“手表”，它本身并不表示时间；但我们了解概念在语言中的作用。因此，手表并不存在真理或本质。关于手表有真实的说法，但“手表”这个概念却没有本质上的真实。我们该如何理解维特根斯坦的这一批判呢？问题在于，如果我们所说的“本质”是指一个涵盖性的定义，那么维特根斯坦可能是正确的。抑或我们在这个词中指的是某种形上属性或谓述， 62
他同样可能是对的。

可是，这一“日常语言”批判难道不是恰好局限在特定方式中，而这正是本质主义者想要超越的？在日常语言用法的分析中我们肯定可以学到很多东西，但是，如果这里的论点是，本质主义的理解在定义上就是非日常的，那这一批判岂不是整个文不对题？叔本华用超越普通语言的术语来描述本质；他认为，对普通语言的分析不能揭示本质，与其说是一种批判，不如说是承认普通语言是有限的。“日常语言”批判所要达到的目的是要表明，普通语言是我们所拥有的一切，任何超越普通语言的诉求也都是超越一切理性和人类可能性的；而这种说法不能仅仅通过诉诸普通语言来证明，因为这样的论证已经预设了结论（begs the question）。

什么是本质？上面引证的三位哲学家同意真理是关于本质的，这样的真理是为少数人或至少不是普通人的，但他们对本质是什么意思似乎意见不一。对叔本华来说，本质是那种只有避开充足理由律才会知道的东西，这时心灵自身只关心事物的“什么性”（whatness）。在海德格尔那里，本质是只有当你叩问存在的本体论意义时才能赢得的。对柏拉图来说，本质乃理念（*eidos*）或者事物的可思议性（thinkability）——理型（form）。这三个思想家中谁就本质是什么意思给出了最敏锐的洞见？或者是否可能以这样的方式阐述本质，尽管他们之间存在明显的分歧，将他们的根本思想整合起来？如果在探索中投入巨大的关注，这可以被做到，因为虽然这三位哲学家对本质的理解明显不同，但他们的基本见解足够相似，从而允许做出至少足以回应他们的主要关注的分析。

当我听到警报声，我知道我得放下手头的事；当听到电话铃声，我知道拿起听筒。这都是“日常生活”中的场景，此际，听到的什么中包含着做什么的呼唤。不是电话或警报本身而是我如何听——作为特定行为的召唤——令这样的行为成为可理解的。只专注于听本身如何可能？假设我听一部交响乐或一首十四行诗。在这些情况下，没有进一步的行动被唤起；我沉醉于听。因而，艺术的理型令倾听在其自身中充满意义。音乐与
63 诗带给我听的本质，因为我听不是为了做别的事，我只是享受听。的确，在音乐异常地好或诗格外深邃的情况下，在这些经验中，我知道到底懂得听是什么意思。听觉体验从通知、警告、宣布等普通角色中脱离出来，升华为单纯为听而听的非凡体验，这让我理解了听的含义，这就是听的本质。

换一种艺术来举例可能会有所帮助。假设我进入一栋建筑是为了躲雨，或者是为了做一件特定的事情，比如进入一家餐

馆用餐。在这两种情况下，建筑只是通往其他事物的一种手段。但是，建筑艺术可能会激发我进入一栋建筑，仅仅是为了发现栖居的意义。栖居是一种存在方式，伟大的建筑师会设计他的建筑，使栖居变得有意义。事实上，进入一座美丽的建筑，可能会让我第一次意识到栖居的重要性和意义。建筑，作为一件艺术品，揭示了栖居的意义。当建筑师的艺术作品成功地向我揭示了“栖居”这一简单而又令人惊叹的本质时，建筑的实用和功利功能，如保持温暖和干燥以及为家具提供安身之所，使我能够做其他事情，如坐下、洗澡、用餐或获得隐私等，都被淹没在次要的考虑之中。当然，稍加思考就会发现，这正是伟大的建筑师所能做到的。那么，他们的艺术虽然无疑提供了让我保持温暖和干燥的普通服务，但也揭示了我自身存在的一些重要意义——即栖居本身就很重要。因此，建筑师的艺术手法揭示了栖居的真理或本质。

我们也许会说，一栋壮观的建筑教会我们思考居住的意味。但揭示栖居的本质是建筑师的事，哲学家的工作则是告诉我们思考的本质。这样，艺术家和思想家均揭示本质，虽然是在不同的方面。显而易见的是，非思想者不能栖居，虽然他们事实上会进入和使用一个建筑物。反过来说，非栖居者没有思想，虽然他们确知建筑的用处。

听交响乐或栖居于美丽的房子是直面听与住的本质。这意味着，在栖居中，我不需要诉诸任何别的东西解释我之居于此屋。64
在聆听交响乐时，除了得之于聆听的纯粹愉悦，我不需要诉诸任何别的什么来解释我的聆听。因此，本质在哲学上最富于意义的贡献，是它在解释方面的独立性。把握某一事物的本质就是理解其意义，无须外在解释。理解本质因而就是对它的掌握达到这样的地步，不须进一步的说明。当一个真正的母亲原谅她的儿子，对其行为的解释简单就只是她是母亲。如果我问："为什么那个女人原谅那个男孩？""她是他妈"的回答不但解释了这一行为，这一解释本身不需要再加解释。在它关于听意味着什么所告诉我的之外，我对自己听交响乐没什么可解释的。准此，本质解释意义，而它本身不能被其自身之外的要素解释。在本质中，解释的链条终止。

关于本质本性的这一反思揭示出真理的第一个基本性质。真理是终极的。就此被意谓的是，某物的本质是对其解释的来源，但它本身不需要或者甚至不可能被进一步解释。我可以问"你为什么走进这房子？"并得到这样的回答，"躲雨"。但如果这是一个伟大的建筑，揭示出栖居的真意，我不能问"你为什么栖居？"而只能问，"栖居的意思是什么？"然而，只有建筑大师才通过其艺术揭示出建筑的意义（或"本质"）。

我们不是首先居而后找到建筑师给我们盖房子给我们住。确切地说，只有通过建筑我们才有可能居之。建筑是居的本质之源。

对这些例子的分析揭示了一种与柏拉图、叔本华和海德格尔的贡献相一致的本质概念。从柏拉图的"理念"（*eidos*）中，我们知道本质必须告诉我们如何去思考一件事物，也就是说，本质是使一件事物能够被思考的东西的具体理想化。从叔本华那里，我们了解到本质不能通过因果性或目的性思维来探究，而从海德格尔那里，我们了解到对本质的追问必须始终从存在的意义（what it means to be）的角度提出。

因此，我们不像叔本华和柏拉图可能会做的那样问什么是建筑的本质，而是问居于室是什么意思。我们也许会问母亲是什么，但其存在本质会是我们对母亲是如何思考的，这满足了 65
柏拉图的主要关注。叔本华和海德格尔二者以小有不同的方式声称，艺术是真理之源，一些例子已经表明艺术家如何成功揭示了特定形态如栖居、聆听以及作为母亲的本质。如果用心依存在性词汇形构本质的意义——这就是说，概念总是以这样或那样的方式的存在，如作为听者、居住者或父母意味着什么被构想——那么“日常语言”批判就可以被避免。因为本质不是某种“在”客体中的形上属性，也不是一个语言学上的涵盖术语。

这一分析揭示了关于作为本质的真理的一个真正的基本洞见，即作为我们思考事物的源泉，存在的本质揭示了作为终极的真理。当“身为人母”能够解释那些原本无法理解的行为时，我们就会认识到，“身为人母”的真理或本质不由其他东西进一步解释。现在需要对这一关键的——实际上是至关重要的——发现加以透彻的审视。

六　真理之为终极

康德在《纯粹理性批判》中指出，理性总是追寻无条件 67
者（the unconditioned）。心灵总是不停地探寻，直到它达到了某种终点或心满意足。在叔本华所说的“日常思维”中，这一终点是一个答案。真与真理之间的区别允许我们将真答案确定为那给出真知者，而知识就是日常思维的终点。但是，正如真答案消除日常问题，在真理的领域中也需要为探索者找到安住之地。本质似乎提供了这样一个终点，在问题的更高场域中，真理具足作为本质的特质，它是终极性的。在前一章中我们看到，本质阐明或说明，不可能再有超越本质的探究。关于母亲之所是的本质真理解释了其行为。然而，本质并不像真答案终结合理问题那样终止探索，因为虽然作为母亲可以解释她为什么宽恕她儿子，从而我们不再能追问她为什么宽恕乃至为什么她是个母亲，我们可能且事实上进一步想知道的是作为一个母亲意味着什么。因此，尽管本质相当恰当地乃真理之域，因而在这一点上是终极性的，但进一步的探索与发问仍然内在于其中。本质并不消除探索——相反它打开探索，给出探索的可能性。

但是，跟终极一样，本质所给出的只是对康德所称的无条件者的满足。

说到对真理的探求，此时，终点或本质必须足够有分量与可靠，从而让发问是有意义的。因为如果其所引来的只是更令人丧气的一堆无穷盘问，那就一点意义也没有。毕竟，我们探
68 求真理时想要的是让这一探求值得的东西。当罗密欧被问到，是什么样的悲伤让他度日如年，他答道："没有它，只要有它，就会让时间变短。"真理也是一样：我们渴求得到一旦拥有就别无所求的东西，拥有了"她"，我们不再渴求。但在前此讨论中我们看到，真理和真答案不一样，"她"不但激发进一步的问题，并且还是不同种类的问题。我可能会问：这个女人为什么要在晚上拖地？有人说，"想多挣点钱吧？""她为什么想要或者需要这些钱？""想让她那个不争气的儿子早点出狱。""可是她干嘛这么做？""就因为她是他妈。"说到这，再问"为什么她是他妈"就是抬杠了。正是在这个意义上，所有的为什么都得打住。可是，当我们试图理解这件事时问"作为母亲的意思是什么？"，问题成了与真理有关而不是与知识（真答案）有关。对这一问题的深入探讨很可能会引发惊奇和敬畏，从而提出更多的问题，但问题的领域——母性的本质——仍然是可理解性的终极资源。可以肯定，不论我们钻研多深，或提出什么进一步的问题，它们都跑不出这一问题域，都是关于母性的本质的，就此而论，本质的确是终极性的。"终极"这个词的意思就是一堆为什么的结束——也就是康德所说的无条件的。

指出真理是终极性的因而不是某种人为附加的阐明，在终结所有为什么的意义上的终极性正是真理的意思。在对罗密欧

著名回答的阐述中，我们追寻的是一旦获得就将终止疑问的东西。寻问已经知道的东西是没有意义的。一旦罪行被发现并且作案者身份被认定，侦探不会继续搜寻指向罪犯的线索。侦探寻找的是真相，找到它，搜寻就结束。因此，“结束寻找”是真理意义的一部分。

如果说这一点似乎是多余的，那是因为它的重要性常常被忽视。在真理中，我们面对终极。事实上，“在真理中”就是“在面对终极”。这一点显而易见，但这丝毫不能免除我们研究其含义的必要性。直面（confront）终极意味着什么？

它也许意味着，任何时候，只要我们的分析达到我们停止问“为什么”而开始琢磨某一事物的意思是什么，我们就来到究竟至极处，因而这没什么特别的。但我们现在的问题是，在真理中存在意味着什么？——或更准确地说，令遭遇终极变得 69
可以探究的存在意味着什么？我们想知道在真理中是怎么回事，这就像置身于无法用更多的“为什么”来解释的境地。但是，“像是怎么回事”的说法只是一种未经提炼的日常用语。恰当的用语应该是从存在性现象的角度提出这个问题，这些存在性现象揭示了遭遇真理意味着什么。换句话说，我们如何能直面真理？关于给出遭遇或面对作为终极本质的真理的可能性的我们是什么？是否确实有某些存在性现象，即我们置身其中的存在方式，揭示了直面终极的特殊意义？如果我们正确地提出这个问题，就会发现以下四种非常适合进行分析的遭际。

1. 我看到一个人在干活，但因为他看起来不喜欢他的劳作，我问他是怎么回事，他说是为了多挣些钱。为什么你要多挣些钱，搞得自己这么辛苦？他说，因为我想要买艘船。你为什么要买船？因为我喜欢航行，我在航行中得到欣悦（pleasure）。

那么，我能不能问你为什么想要欣悦？或者事情是不是这样，欣悦是个如此独特的概念，它似乎用不着解释自己？亚里士多德在《尼各马可伦理学》中指出，欣悦是一种内在的善，他在这里说的是，欣悦无法或不需要通过其他东西来解释。与干活的那个人的对话表明，事情就是这样。我无须在欣悦之外给出解释；我在某件事情上得到欣悦足以解释我为什么做这件事。的确，有时我的欣悦是不道德的，在这种情况下欣悦的合理性无以证成；但即便不道德，欣悦可以解释行为。不但如此，它本身不能被任何更根本的东西解释。获得欣悦是好的，至少在特定情况下是这样，即便如此，好不能解释欣悦。我不是因为好而欣悦，而是因为它让我欣悦。因而，在欣悦中我直面终极存在，如果说终极意味着在此之上无更高的解释，欣悦是终极性的。

2. 一个正派、聪明、勤奋工作的年轻女性突然罹患痛苦的全身麻痹。她那不靠谱的丈夫抛弃她，带走孩子，将瘫痪和口齿不清的她留在住着不止一个病号的病房里，靠陌生人偶尔给些关照，并且她一直疼。她的头脑始终清醒、活跃，因此她每
70 天面对自己为何如此不幸的残酷问题。她应该有更好的生活的。在她无言但恳求的眼睛中能读到的“为什么是我？”不是凄楚的悲伤，而是正当的要求。真的，为什么是我。她的苦难格外无理和残酷；但它是否一定同时是虚无的？它可以被思考吗？是否有一个上苍可以为她的处境提供一个冥冥中的说法？如果她完全没法知道这些，那她的命运是不是更没法接受？又如果在绝望中她想自杀，但如果没人帮助，她没法做到，我们是不

是因她的愿望而必定做出如此可怕的决断？

我们没法回答她的问题，“为什么是我？”这是，我们说，她的命（fate）。我们认为她的问题没法回答有一定的真实性。无论如何，真的，任何想对她解释为什么她的命运会是这样的企图，都是对她所遭受苦难的庄严与严肃性的亵渎。说“这会让你更强大”是冒犯；说“这是上帝的意志”等于什么都没说，因为这只是在承认人没法解释；说“这是命”同样什么也没解释，因为命运不是原因或可追责的行为者。然而，在一个奇怪的意义上，我们都得承认，我们的命运的确是我们的存在的一部分。不论我们喜欢与否，我们是这样的存在，我们没法控制所有甚至大部分持续让我们成为自己的东西。因此，一方面，如果我们诉诸命运的解释力，我们对概念如何解释事情的想法是完全错误的；但如果我们否认命运的确是我们之所是的某种本质，我们同样大错特错，并且在存在上是误导性的。那么，我们该怎样思考命运？我们不能否认自己受制于命运，然而我们不能把命运当成理解或理智的来源。因而，命运同样是终极性的。它在与欣悦完全不同的方式上是终极性的，可它仍是终极性的。直面命运——我们真的没法回避，尽管我们骗自己假装能避免它——因而就是直面终极性。

3. 他明明知道这样做是不恰当和错误的，但还是屈服于自我安慰和欺骗的诱惑，对自己的承诺撒了谎，深深地伤害了她。结果，她遭受了不必要的痛苦和羞辱。毫无疑问，这完全是他的过错，随着他自私残忍的后果越来越明显，他的罪责先是冲击，接着将无以稍减的谴责沉重地完全压在他身上。是他的罪过，他知道这一点。这不仅是对她的冒犯，也是对他们婚姻的冒犯，

他们的婚姻从此被改变了，而这一切只能怪他一个人。他没有
71 任何辩解，如果他试图用蹩脚的说辞来为自己辩解，那只会加重自己的罪负。他为什么要这样做？他如何向自己解释他的责任？有什么原因可以解释吗？有什么理由可以减轻他的负担，减轻他的痛苦吗？当然，他知道他可以诉诸一些理由来转移全部的责难，但这些理由可能提供的慰藉和安慰不过是进一步的欺骗。他无法接受通过乞求更多的不实之词来转移这种单一的责任压力，因为这会让他更加沉重。他不能，甚至最终不愿否认自己的责任。他有罪责（guilty）。

罪责找不到进一步的解释。因为，正如在面对欣悦和命运的情况时一样，对它们的解释就是对它们的解除。置身罪责之中，我们必须做的就是简单接受其为自己的过错。没必要发明某种我们会称之为意志的实体，因为那就陷入了形上思辨，是没法说清楚的。有罪责本身就是真实的，甚至无须用形而上学来解释。罪责不能被解释；相反，罪责既是承担的解释，也解释了违反为本应如此却并非如此的东西。罪责是终极的。

这样说的时候指的不是由做错误的事而产生的感觉。有罪责本身事关紧要，令罪责成为实在正是接受它不能由任何其他情况或事情加以解释。这是原始的，在罪责中不存在其他存在，没有其他原因，除自己外不能诉诸别的。否认罪责即否认我自己；用情有可原或异己的力量解释它就是不再成其为人。存在即成为有罪责的。这是一个令人高度不安的真理，但其要求不可移易。我们直面带着终极性的罪责——重申一遍，这是一种与我们在直面欣悦和命运时完全不同的直面方式。但与欣悦、命运相似，根本的终极性本质全然无以回避。从某种意义上说，

罪责与命运完全相反；后者的压迫恰恰来自其不由我控制，而在罪责中，它却奇特而强力地属于我们自己。由于二者皆无可逃避，尽管二者在完全不同的意义上都是我们的，但二者都让我们直面终极。

4. *停一停吧！你是这么美！*当然，他真的认为会有这回事。他认为，这是个好交易。那个拥有奇异魔力的阴险来客永远没法让他说出这句话。但他知道，我们听到他这么说时也知道，如果有什么能让一个人交出灵魂，那就是美。当然，任何单纯的愉悦、冒险或其他满足，甚至知识本身，都无法让博学的浮士德如此卑微地屈服。唯有美让人完全缴械。它是让所有交通 72
停止的基本停止信号。因此，玩世不恭的浮士德怀疑梅菲斯能否创造出如此美丽的时刻，以阻止他精神中不知疲倦的能量和永恒的渴望。同时，那*也许*有个简直*太*美的东西的迹象，已最终打消了浮士德最后的顾虑，因为单凭美就值得膜拜和牺牲，甚至牺牲自己的灵魂。

但是，歌德这个剧不只是幻想。我们大多数人都愿意承认，美震撼人心，俘获心灵，让我们从自得中挣脱出来，令我们沉迷，甚至，如果真的是宏大的美，它还令我们俯首称臣。它做到这一点丝毫不靠任何其他优势。海伦之美令特洛伊黯然失色，埃及艳后的美貌推翻了三巨头，席卷了尼罗河畔。辛普森夫人让一位大不列颠国王放弃了王位，乔迪·弗斯特的美令辛克莱刺杀美国总统。亚西比德之美征服了所有思想家中最高贵的一位，苏格拉底不仅为真理，也为美献出了生命。

于是，美，就像欣悦、罪责和命运，是终极性的。或者可以说，它和其他三个都不一样，虽然仍然是终极的。它可能是这四样东西里最神秘的，因为它令最自由的人俯首称臣，最明智者变成傻子，解除最强大者的武装，令最高傲者低头，也让最低贱者崇高。因为它做这些事没有帮手，因为美没有其他理由，它同样属于我们在其中直面终极的四种现象之一。它无法被进一步解释，正如无法被忽视；然而，它令所有一切都可以理解。由于它是终极的，它同样是令人困惑的。

上述四种现象向我们表明，直面那些无法说明的（如命运），或者那些至少不能在所遭遇者之上加以解释的（如罪责），是什么意思。无论哪种情况，它们都向我们展示了“终极”的含义，至少在目前的语境中是如此。如果说它们没起别的作用，这四种现象对理解真理之为终极是有价值的。但是，它们并不只是从许多其他现象中选取的四种可能现象。在对以下论证的前瞻中，我们现在就可以对稍后将要论证的观点稍加提示，即：享受欣悦、接受命运、承担罪责和输诚于美是四种源始的方式，在此我们的存在揭示邂逅真理是什么意思。如果这一前瞻性的
73 建议是合理的，它意味着这四者不仅仅是直面真理的*例子*，更是真理作为终极降临我们的根本存在方式。

当然，此际这些提法有待更多的分析，才能使其为人理解。我们必须做的是分析这四种存在现象，看看它们是否可以被理解为提供了接近作为*存在方式*的真理的途径。以上对这四种样式的勾勒是不充分的，因为我们需要的是把这些现象理解为存在于真理之中的根本方式，即不可还原的方式。因此，这份四重清单具有排他性和核心性。它看似武断。例如，为什么善或逻辑确定性不在列表上？但这样的问题虽说完全可以提

出，其回答却必须等到随后章节的主要阐释任务之后。至此，以上论证可以简要概括如下：（1）真理，无论是知识所确认的通常意义上的真回答，还是在非日常的终结性本质（terminal essence）的意义上，都意味着终极；但是，（2）我们试图理解直面终极意味着什么，以及（3）我们似乎能达致这一点的四种根本方式是欣悦、罪责、美和命运。（4）因此，我们有理由将这四种根本存在现象刻画为真理的四个面相。

如果我们的分析足以支持这一主张，这将意味着，我们之所以能够探究真理，只是因为我们能感受欣悦，承担罪责，背负命运，以及输诚于美。只有做到这四点，（1）真理才有意义，（2）我们能够哲学地探究。因此，对真理的这四个面相进行分析就成了我们眼下最关心的问题。

第三部分　探索者

七　真理的面相：欣悦与命运

欣　悦

对于哲学家来说，很少有什么概念能像对欣悦（pleasure）[1] 77
的分析那样具有挑战性。因为欣悦依定义是所有人都享受的东西，因而所有地球人都能说上两句，对他们来说没有一个描述可能是准确的。此外，以往的论述通常涉及伦理讨论中欣悦所扮演的或不扮演的角色。读者想知道欣悦是否等同于善，如果不是，为什么人们要为任何别的什么放弃这个如此宝贵与亲近的动机。但是，目前的研究完全不关心欣悦的道德性或善；相反，它只关心欣悦在与真理相关的考虑中的角色（如果有的话），这种角色在传统中明显没有得到任何支持。

多少让这一任务变得容易些的，是认识到欣悦必须与快感（gratification）相区别。获得快感就是消除饥饿，满足一个需求或欲望。因而它首先是个否定性的概念，仅仅依前此的不满

---

① pleasure 在不同语境中含义有微妙的差别，有的侧重身体性的快乐、愉快，有的强调精神性的愉悦，本书中主要指后者。斟酌之下，统一译为“欣悦”。

意状态而获得理解。饥饿之苦因进食而来的满足得以消除，情欲之火因肉欲的释放而得到满足。动物与人都有快感。

但是，在严格和哲学的意义上，欣悦意味着具有自我意识的存在者因自身的缘故而非前此匮乏而来的满意。进食以消减饥饿是获得快感，饮宴以愉悦味觉是欣悦。动物似乎寻求快感而不是欣悦。我们会并且常常将二者混为一谈，而是否可能存在纯粹的欣悦或快感是无所谓的问题。

如果说一方面必须将欣悦与快感相区别，同时还必须将它
78 跟幸福（happiness）区分开来，后者是个复杂得多的概念，甚至可能是个伦理概念。欣悦是个较之幸福更直接和在存在上更本源的概念，因为我可以问自己是否*真的*幸福，但不会问自己是否*真的*欣悦。享乐主义者在存在上有远比功利主义者坚实的根据，因为欣悦是终极性的，而幸福不是终极的，这一点是相当明显的，虽说幸福无疑更有价值、更持久。欣悦当然不能与善好（goodness）相等同，虽然我们事实上意指欣悦时言辞上往往说“感觉很好”（feel good）。

乍看起来欣悦全然是个肉身性概念，要求有身体的存在。但就算身心二分不是那么可疑，有人会说心灵的欣悦；虽然为了把握欣悦概念我们得小心，但将这一现象限定在已然可疑的形而上学二元论中的一端是荒谬的。此外，这一探索不涉及欣悦的因果或条件，也不进入其形上禀赋，而是关注欣悦*意味着*什么。

怎样才能就此来提出贴切而直接的问题呢？欣悦令人愉悦。除此之外我们为什么还需要知道什么呢？事实上，如果整个问题都取决于欣悦的终极性，那么，除了分析性的“欣悦”——

欣悦令人欣然愉悦——之外，任何解说都将是误导性的，都是用抽象的人为复杂性解释简单的东西。然而，必须克服这一分析上的困难。也许可以从承认关于满足的目的性说明不足以阐明眼下的探索开始。我们知道，假如我们不因饥饿的刺激而进食，我们就会饿死，如果不存在肉体驱动，种族就会消亡。因此，关于欣悦的自然解释依赖于其目的论结构，它是种族的延续的原因。但这再一次混淆了欣悦与满足。假如我吃东西不是因为肚子饿，只是因为它好吃，在这种情况下，我吃东西是因为它带给我欣悦，而不是为了果腹。美食带来的欣悦因而应该被非目的式地理解。但关于我们是谁这又告诉了我们什么呢？我是什么样的存在，会因欣悦而非任何其他理由而享受欣悦？啜饮珍稀的葡萄酒在唇齿间带来的超常丰富的美好感受；从雪沫飞扬的坡道上急速下滑的豪爽，如鸟之翔；舒服地蜷缩在噼啪作响的火炉前，听着坚固小屋外呼啸而过的风；早春时节闻着山 79
谷中丁香与百合袭人的清香——做这些并非为了达到什么目的，做这些就让人心满意足。欣悦，尤其是精致的欣悦，明确拒绝大自然严峻的目的性。事实上，我们甚至不愿意被告知为什么要享受这些东西，以免在了解其原因时忽略了它们本身的魅力。在这种程度上，欣悦是非自然的，也就是说，人们之所以感到欣悦，完全不是因为它满足任何先前的需要或愿望。

这本身就是不同寻常的觉知。不受单纯的自然解释的羁绊意味着什么？这个问题本身几乎震惊我们。是否某些神圣的存在完全因为对我们的喜爱而将这些无用但绝妙的欣悦赋予我们？像这样的论点当然是没法证明的；虽然假如说要是有关于上帝存在有意义的论证的话，它应该就是这样的观点。如果欣悦不能依目的被解释，它必须诉诸我们对非应得的欣悦的感激来解释，而这一感激，必须以一个被称为上帝的充满爱心的馈赠者为对象。正是其非应得性令欣悦具有如此不可抗拒的强大力量。

诉诸欣悦之为完全自然的解释是如此常见，就好像它是某种能解释石头坠落的引力。但分析表明，似乎没有什么比欣悦更不自然的了，因为自然要求因果、回应需求。大自然没有恩赐的空间，但真正的欣悦的真正乐趣就在于它完全是一种恩赐。没有什么东西告诉我们必须或应该享受玫瑰的香气，这里也没有任何目的。应该说，欣悦是一种纯粹的奇迹。与自然的冰冷机制、道德的严格性和对目的性的坚执全然不同，欣悦令人愉悦与昂扬，兴奋和慰藉，并且如果是受到尊敬的，甚至令心灵感到惊喜。缺乏欣悦的生活是如此苦不堪言，它让所有的思考都暗淡无光。当欣悦的意义被作为一个问题提出，由衷的困难在于试图理解为什么要对它提出疑问。只有疑心最重的人会在欣悦中发现对善的偏离。我们由于欣悦获得认可、宣示爱情、赞美应该被推崇的、慰藉悲伤的，并且充分享受飞逝的人生。

然而，欣悦常常是让我们偏离义务的东西，这是必须被承认的，但对这一点的承认进而增强我们对欣悦之魔力的确信。因为它不可能是某个微小时刻让我们偏离正道的引擎。即使它
80 能够引诱我们从善，欣悦的诱惑力也证明了它的重要性和意义。此外，让我们误入歧途的通常并不是欣悦本身，而是过度的欣悦、变态的欣悦或与其他恶习结合在一起的欣悦。

那么，欣悦或者能感受欣悦意味着什么呢？那就是能够赞许地接受不必如此的东西。是对我们自己感受力的同意或肯定。

事实上，欣悦就是感受，也就是成为印象的接受者，超越了作为原因或结果的范围。正因为欣悦不同于被认为具有目的性的满足，它摆脱了这种依赖性，因此它是我们的存在被证明是重要的最基本方式。接受欣悦就是肯定我们对影响我们的事物的通常反应的非不可避免性。

然而，尽管欣悦虽然无处不在，却也会在稀有的情况下显露出最真实的本质。品尝一种精致的调味汁，就是在探索“品”的意义。聆听一曲辉煌的交响乐，是发现“听”的真谛。性的欣悦可能是最强烈的，但它往往被满足我们性欲迫切的需要所支配，以至于它可能并不总是提供理解的最佳资源；此外，它太经常与爱的更崇高激情相结合，因此性中的欣悦可能会被满足和爱所掩盖。然而，性爱中的真正欣悦揭示了作为男性或女性的意义。肉体的欣悦揭示了男性的阳刚之气，女性的阴柔之美。这些都不是情欲学校中的个人发现。性的欣悦向男性揭示了其男性气质的含义；或许这种欣悦甚至就是男性气质的含义。因此，欣悦成了了解这些绝对基本的存在方式——品尝（不是“吃”）、听觉、视觉、男性或女性、感官、感觉——的意义的一个源泉，在某些情况下甚至是唯一的源泉。就在如此基本层面上揭示存在意味着什么这一点，欣悦令我们感知终极，于此毋庸再问。

论证至此，满意与欣悦的区别充分揭示出其重要性。满意是欲望的终结，而欣悦终止对存在的惊异。我们在令我们欣快的欣悦中习得它（而不是“从”欣悦中学习，这会暗示它是第二位的）。我们所学到的是听、感受、性、品味意味着什么；我们在欣悦中学习，正是因为欣悦不同于满足，而除

81 了让我们从渴望或觉得该得到的痛苦中解脱，满足不教给我们任何东西。

但是，说欣悦揭示品味和男人或女人的意义就是将欣悦理解为真理的源泉。单纯的感觉怎么能提供信息呢？当然，欣悦不是单纯的感觉，它将肯定和否定都考虑在内，而使感觉变得可理解。欣悦不是感觉的内容，而是感觉的方式，因为在欣悦中人们肯定自己的感觉能力，而在痛苦和折磨中人们拒绝或否定这种能力，所以感觉本身是能够被思考的。

这些思考表明，从存在论而非形而上学的角度提出基本问题在哲学上具有优越性。形而上学的二元论者，如笛卡尔，会坚持认为根本问题始终是“什么样的东西存在？”因此，他会从“身体”这一实体的角度来讨论当前的问题，而“身体”被定义为占据空间。这个实体，即身体，只有当它在空间中时才是存在的，它可以接受来自外部的刺激，其中一些刺激会在身体内部引起积极的反应，这就是所谓的欣悦。但是，存在主义探究避免了形而上学的断言，而是直接追问感觉意味着什么。感觉可以通过诉诸两对存在性对立来理解：疼痛（be in pain）和满足（be gratified）是“拥有一个身体”的含义；承受苦难（to suffer）和感到欣悦（take pleasure）是“身体中有一个心灵”的含义——但形而上学的语言现在具有派生或次要的地位。感觉解释了“身体”，而不是相反；感觉缜密地解释了“心灵”。因此，参照本体论上先行的“满足”或“不满足”的概念，身体和心灵都是可理解的。

占据空间和有广延对外部对象来说也许是必要甚至充分的条件，但这些条件不能解释我们自己的身体或是我们自己的心灵，因为后者并非我们的认知对象而是官能，我们通过它而有认识。承受痛苦或得到欣悦揭示感觉的意思，假如我们声称“感觉”要求有一个身体作为接收器以及一个心灵以说明意识，这样的推论也许是有用的，但随之而来的对身体与心灵这两个实体的形而上学描述根本不会比解释它们的存在模式更根本。身体与心灵最多也许只是令同一与分类变得更容易的方便假设。
因此，在“疼痛与满足”和“承受苦难与感到欣悦”之间的存 82
在性区别，优先于身体与心灵的形而上学区别，因为后者只是我们认知的对象，而前者是我们得以认知的方式。这样一来，欣悦与苦难就是与真理的相遇。

如果我们把（1）欣悦与痛苦的感受和（2）占据空间作为我们如何理解身体的两个候选对象，我们就会认识到，它们代表了两种完全不同的方法：后者可以把身体解释为众多可能对象中的一个，但前者却解释了作为身体意味着什么。如果欣悦要面对真理，就必须从这种存在论的意义上来理解。

也许有人会认为，如果欣悦直面的是作为终极的真理，那么其对立面就不会直面真理。但事实并非如此。从存在论上讲，欣悦的“对立面”不是痛苦（pain），而是苦难（suffering）；苦难是这种对立的负极。欣悦的矛盾命题不是痛苦或苦难，而是麻木——根本没有感觉。但是，与欣悦不同的是，苦难并不直面终极，因为它要求得到解释，而我们刚才已经看到，欣悦终止了这种要求。因此，我们现在必须研究与欣悦相反的原则。苦难意味着什么？

苦 难

我们如何看待苦难？一些思想家坚持从神义论的角度提出这个问题：苦难是邪恶的，邪恶与善良而强大的神性不符，但既然苦难是真实的，那么上帝就不是真实的。这个论点令人难以置信的地方并不在于它证明了上帝的不可能性——因为它并没有做到这一点——而是在于它以某种方式告诉了我们关于苦难的道理。苦难被认为是“与理性和善的宇宙不一致的东西”。因此，苦难是没有意义的。显然，无神论者比有神论者更容易接受无意义的宇宙，但为什么会这样，却从未有人解释过。难道仅仅因为放弃了对上帝的信仰，问题就不存在了吗？如果苦难是邪恶的，那么即使上帝不存在，苦难仍然是邪恶的，为什么大自然是邪恶的，就像为什么上帝会允许它存在一样令人费解。问题是，我们应该如何看待苦难？苦难是否是邪恶的，必须等待对这个先决问题的分析。

83 当然，有一些苦难并不是恶的例子；事实上，在有些情况下，我们实际上乐见痛苦的发生。首先是正义。如果把正义正确地理解为对善人的奖赏和对恶人的惩罚，那么，如果有人做了坏事，我们就会为他会痛苦而感到高兴，因为如果他不会受苦，我们就无法实现正义。因此，如果正义是重要的，那么做错事的人就必须能够遭受痛苦——即使做错事的人是我们自己，我们也必须肯定这一点。因此，正义的可理解性本身就要求肯定痛苦。

牺牲是苦难更迷人的理由。牺牲就是忍受苦难，以此作为对我们所爱或所尊敬的人的一种赠予。牺牲就是“献出自己”，这种“献出”是一种赠予，而不是奖赏，献出的代价是我们所珍视和宝贵的东西。在一个没有苦难的世界里，牺牲是不可能的。但爱人不仅愿意牺牲，而且渴望牺牲，在这种程度上，苦难是珍贵的，因为它为爱留出余地。

然而，与其对立面欣悦不同，苦难没有为我们提供一个关于各种为什么的终结。不过，和欣悦一样，苦难不能单单依自然事件来理解——虽然疼痛可以依此解释。疼痛有其目的：手烧着了疼，它让我们将手从火炉上拿开。我把这理解为自然的保护性机制，尽管我不喜欢疼，我身体警示功能正常发挥这一点至少令疼有其合理性。可是，苦似乎是对我有意识的存在和我的意义的攻击。我怎么才能思考苦？

考虑通常所说的“心灵苦恼”将会是有益的，以确保纯然“疼痛的”因素不至于分散我们分析的注意力。一个年轻人因其仅仅结婚八个月的妻子的去世感到痛苦。他的悲伤是巨大的，因为他如此热烈地爱着她；因此他很痛苦。然而，如果有人问他：你愿意消除你的悲伤吗？他可能会犹豫。假如有可能用激光照射他大脑中那些保留他关于她的记忆的细胞，他很可能会拒绝这一疗法。他知道，那巨大的悲伤完全是出于他巨大的爱。假如他没有爱得这么深，那他现在就不会这么悲伤。他会希望能回到往昔，或者她还没有死，但他再极端也知道这样想是徒劳的。因而，尽管他十分憎恶自己会痛苦和悲伤，但却不会选择对她 84
的死不悲伤，因为那将意味着她的死无关紧要。所以，弃绝某种苦难，比如悲伤，必然会伤及某些东西，但它们是如此珍贵，为保全它们，就需要承受苦难。

然而，在所有这些例子中，忍受苦难都是为了别的事情。那个丈夫接受由悲伤引起的苦，因为悲伤是爱本身意义的一部分。事实上，“我爱你”蕴含“在你离去时我会悲伤”。或者，我们说我们能肯定自己的苦难，因为如果我们不能牺牲，我们就不能爱，因此，再说一次，爱尽管通常被视为积极的现象，却证成了苦的合理性。在正义的例子中，我们认识到，如果我们不会受苦，我们就不能惩罚，而没有惩罚就不会有正义，因而正义解释受苦。因此，与其存在层面上的对立面欣悦不同，苦不是自我证成或终极性的，但自有其存在的意义。

然而，正是欣悦而非其对立面苦难，让我们与作为终极的真理相遇。为了在苦难中照见终极者，我们必须只聚焦于不是为了别的什么而承受的苦难，这是真理的第二个面相。

命运

当命运的意义经由更醒目的方式被触及，例如一个遭受瘫痪打击的女人，危险存在于由这样的例子所引发的恐惧和厌恶。命运被视为是残酷、冷漠并且奇怪地选择性的，似乎只有极少数人会被选中去承受命运的可怕重担，对我们其他人来说，这是警告我们可能发生之事的例子。但这当然是荒谬的。我们所有人都是有命运的，有时纯然不可能的机遇露头，或大或小地改变我们的生命，促使我们思索我们是谁。如果我没有在办公室比平时待得更久，我就不会遇到这个改变了我一生的人。如果火车没有晚点，我就能抓住这个机会，从根本上改善我的命运。由碰到的机会，一点运气，乐透彩票，一次征兵，到我们眼睛
85 的颜色和飞机上的座位，我们被抛入完全超出我们控制甚至不

可理解的境遇和事件中。无论我们相信神圣的天意或纯自然的任意，问题是对我们生活的这些重要影响完全超出我们的理解或控制，正是由于周遭这些数量庞大的重要因素无法以通常的方式被理解，它驱使我们去问：我们究竟应如何思考命运？是否干脆认为这样的问题是没意义的，从而发展出一种帮我们完全将之置于脑后的心理态度，或者更诚实的是正视这一让我们摸不着头脑的真理或命运，并且试图找出一种思考它的方式？

但是，当涉及我们如何看待命运的问题时，困惑似乎是不可避免的。我们很容易认识到命运的存在，不管我们称它为运气、机遇、幸运，还是事物的普遍随机性；但当我们试图思考命运时，却似乎没有任何指引或提示。那么，也许我们干脆根本甭想它。称命道运无非是承认它完全超出了我们的理解范围。

然而，人类文化并非如此贫乏。和我们这个物种碰到的所有其他难以索解的事情一样，命运、运气和机遇吸引着我们最聪明的头脑，如果除了它们挑战了我们自尊的极限外没有别的理由。有一种适合于揭示命运的含义的独一无二的艺术形式。从埃斯库罗斯的惊世骇俗，到莎士比亚，再到奥尼尔和威廉斯，悲剧家实际上都在歌颂命运，并以此为我们提供了一种直面命运的方式。别的不说，悲剧提醒我们命运的存在。但是，由于他们对命运的提醒，这些人类思想的天才巨匠同时照亮了命运，因此，命运在悲剧中所扮演的角色很可能是我们所能有的唯一最好的资源，将我们从对如此重要概念的不予理会中解救出来。如果我们能够认真仔细地分析悲剧对命运的非凡处理，这一难以捉摸而又至关重要的概念对我们来说也许会变得敞亮。

在开场合唱中我们就被告知，蒙太古家的一个年轻人和一个年纪更小的凯普莱特家人之间强烈的爱情命运多舛；罗密欧早在第一幕就坦承自己是个“幸运的傻瓜”。莎士比亚颇费周章地让他的观众相信，他所讲述的悲惨故事中最重要的因素出自最反常的意外。劳伦斯修士疯狂的计划本来可以实现；没有像样的理由为什么他派去曼托瓦的使者最终没能及时见到罗密欧。
86 如果朱丽叶能早几分钟从沉睡中醒来，这对恋人就能逃过一劫，也许他们的婚姻就能化解两家的宿怨。剧中充满了各种微小渺茫的“如果”和“只要”。几乎可以说，剧作家将成功在我们面前摇晃，只是为了用仿佛不可能的失败来作弄我们。

然而，该剧的冲击所在并不是不巧错失良机的沮丧。离开剧院时，我们并没有咒骂剧中与这对年轻恋人一次又一次作对的厄运。相反，随着故事的展开，有一种奇特的不可避免的逻辑，似乎从一开始就注定了他们的爱情是无望的。观看该剧时，我们会感觉到他们的相爱和死亡都是不可避免的。我们感觉到，他们注定要死。但这个词的用法与之前的意思正好相反，之前的用法意味着纯粹的意外、随机的发生和肆意的机遇。一个刻意刻画苦难事件的*任意性*的故事，怎么会反过来让人不可抗拒地相信他们的苦难是*不得不*得发生的呢？

这是毫无问题的。罗密欧来到凯普莱特家的聚会纯属偶然，他和朱丽叶的相遇纯属偶然，他们完全不可能相爱，他们几乎不可能失败，他们不可能像他们那样死去。但同样不可否认的是，随着剧情的展开，他们*必定*相爱，*必定*发现自己被羁绊在残酷的困局中，以及他们*必定*会丧命，几乎就像秋天之后冬天接踵而至。我们该怎样理解这一点？

当然，我们在开场合唱中得知他们都死了。也许，我们之所以能感受到悲剧结局的必然性，只是因为这位来自斯特拉特福德（Stratford）[①]的诗人是个魔术师；他只是把它写了出来从而它显得是无可避免的。但这当然是他写的。毕竟，这是一部艺术作品，而不是历史记载。但为什么这就是他天才的本质呢？这当然是个虚构故事，但以不可避免的逻辑写出的故事为什么会成功呢？声称它是艺术所以我们从中学不到什么毫无道理。也许，我们之所以能从中学到东西，只是因为它是艺术。

命运的不可避免性，这几乎是普遍接受的关于悲剧的认知，这只有在故事的讲述中而不是孤立事件的分析中才能被揭示。孤立事件之所以是可理知的，完全是因为参照因果解释，或者说在人类行为的情况下大致是目的性解释。但不论是实际还是虚构，事件是故事的组成部分，其可理解性在于其所展开主题的内在必然性。理解角色就是理解他的故事，理解他是谁就是对必定发生在他身上的事情的理解。但是，关于这种不可避免 87
性的知识在事件之先对任何人来说完全是不存在的，因而，故事，即便它们是真的，似乎不解释；它只是通过诉诸这个世界上并不存在的力像是魔术、奇迹、祈祷的效力或命运，款待听者。

然而，故事的确看起来在解释，恣意机运的不可理喻对理性的冒犯一点不比故事的启示性力量少。在故事尤其是悲剧性故事中所看到的那种不可避免性是如此有力，以至于赫拉克利特被引向声称性格即命运。因此，了解一个人的性格会揭示他的命运，这一点也不荒唐，因为不论是命运还是性格都不是我们可以用这样的方式来检验的。当然，如果命运是真理的一个

---

① 莎士比亚的故乡。

面相，它似乎被反映在悲剧的镜像中。

因而，似乎存在着思考命运的两种可能方式。在第一种情形中，命运只是所发生的事，不存在可以解释它的可理知性与合理性。“命运”这个词在这个意义上只是对根本的无知甚至不合理性的承认。在第二种情形中，命运是那令事情不可避免者，仿佛故事就是已经被知道了。当故事被知道，命运幽灵的赫然显现，作为某种美学原则给出某种可理知性，但这并不是在可以帮助我们获得实际优势意义上的解释。宿命式的不可避免性，这种似乎呈现在悲剧艺术中的样式，跟可预测性不同。具有关于什么条件下会下雪的知识即能够预报降雪，但给定故事中人物的性格与环境，看到李尔王命运之不可避免性即承认故事不可能有任何其他的展开可能性，而这不是说在故事被说出之前你就知道其结局。前故事认知的不在场在悲剧的不可避免性中消除了可预见性的要求。因此，这也许正是我们在命运一词中所意谓者：不是说它或许是可预言的，而是在其展开中我们意识到其不可避免性。令故事的事后讲述合情合理的正是将随机事件再阐释为故事序列的能力。故事是可理解的，但不是可预言的。

因此，真正的反对意见不是命运是非理性的——假如它仅仅是随机性的那就是这样——而是它事先不可预知从而不可控。命运之所以对我们开放，是因为它可以就此讲述一个故事；但它并不对我们打开为可预测的行为。关于我们自己它告诉我们的是终极的，从这个意义上说，命运仍然是真理的一个面相。

88 因而，“解释”揭示出自身两个不同的意义：使之可知，从而可控，例如科学家对他的学生解释什么化学物质间发生反应以及它们是如何反应的；还有就是显示某一事物是如何嵌入一个更大的图画中，就像历史学家向他的学生表明，工业革命的各种弊病如何给出了一个进行中的故事，由此随后发生的社会动荡完全不难理解。历史规律无法个体化为特定历史事件，它甚至不能像化学定律那样预测特定事件，但在事件发生之后，它们可以借助故事的方式被阐释为“可思的”，因而是可以解释的。命运不是某种原因或目的，但它仍然不是不可思议的。

命运仍然是与无法以任何其他方式解释的事物的对抗。命运的部分本意就在于它是不可理喻的，但奇怪的是，这并不意味着所有接受命运的人都是不理智的。在此所经历的都是偶然的，既然是偶然的，就不是必然的；而作为非必然的，它不是纯粹理性的产物。但没有人会说偶然的东西是反理性的。也许可以说它是非理性的，也就是说，它不是必然的；但“非理性”一词通常只用于直接自相矛盾的事物，比如一个完全能被二整除的奇数，或者一个已婚的单身汉。命运令人不安，甚至可能是无理的（nonrational），但它肯定不是反理性的（irrational）。

然而，悲剧不仅仅关乎命运，它还关乎不应有的苦难，这类苦难和命运一样，似乎迷惑了我们通常的思维方式。正是因为安提戈涅（Antigone）的不幸不是她应得的，我们受到挑战去找到其他的资源，以便能够理解这一戏剧性的冲击。仅仅说安提戈涅遭受不公正对待乃是她的命运是不够的。假如这样说就可以了，命运就成了个垃圾筒，人们可以高高兴兴地将所有搞不定的废物都掷入其中，从干净的理性屋中将之清理。悲剧不是废品场或污水池；我们一定要问，剧场老板凭什么让我们花钱看这样一些关于无理性的东西的表演，诸如命运和不应有的痛苦。

通过聚焦于高尚生命的不成功，悲剧要求我们将角色的伟大由其生命的磨难中分离开来。变得更伟大的是他们作为人本身，而不是他们做了什么或发生在他们身上的什么。悲剧作家的技巧是将他的主人公置于如此令人不快的历险中，因而我们对发生在他们身上的事无法接受。但与此同时，剧作家让他的主人公具有如此高贵的品格，如此值得关注与景仰，从而我们
89 不得不肯定其存在，不论他的命运是多么悲惨。通过将其存在的价值与事功区别开来，我们实现了心灵上的显著提升，而且，我们在审美反应上获得的是如此奇特的满足，我们被引导着将悲剧艺术置于最崇高之列。

因而，关于悲剧的所有阐释，包括亚里士多德的在内，都是完全误导的，应该作为虚假不实之词而拒斥。你在《李尔王》或《安提戈涅》的结局中所获得的主要情感体验不是正义得以实现的满足，或者这样一种结果，由于主人公性格中某些“悲剧性的缺陷”，其所承受的巨大苦难多少是应得的。恰恰相反：在意识到这里没有道德的情况下，我们会超越道德伦理局限，为我们的崇高反应寻找其他的根据。由于着意将所有伦理或道德的因素排除在外，我们面对的是角色本身的价值。他们的存在价值赤裸呈显，不因幸福甚至正义而被仰慕。尽管在他们身上所降临的可怕磨难，观众仍对他们产生如此巨大的肯定，这一事实本身展现了戏剧家最高的艺术成就。当发生在安提戈涅身上的事件让我们畏缩惊恐之时，安提戈涅的价值就显得尤为重要。这是一个人对于幸福或不幸的重大胜利，而这种发现是关于真理的，其意义如此重大，它值得赞美，一个酒神式的赞美。

存在价值对幸福的重大胜利显然与命运的不可避免性密切相关。正如我们关于什么东西是重要的日常思维支持关于幸福是至善（*summum bonum*）的功利主义教条，我们关于何者是可理知的日常理解支持可预测的世界。悲剧中超越幸福的胜利和对命运的赞叹中超越可观测性的胜利，在日常思维看来是冒犯性和危险的。但命运的不可违逆性与性格对运气的胜利是不可抗拒的挑战。我们回避它们，是在冒虚伪的危险；因为否认悲剧所揭示的真理，只能是最糟糕的自欺。

命运的必然性提供了一种“逻辑”，在这种“逻辑”中，我们可以思考如何战胜不该遭受的苦难。在故事的讲述中，高贵的人物似乎注定要受磨难；随着故事展开的似规律性赋予它的审美吸引力，这种“命运”也变得可以理解。故事的特定性质令命运概念虽然不是可预见或可控的,但却是合情合理的。当然， 90
正是因为命运既无法预计也不能控制，而基于故事展开的逻辑同时又是可思议的，我们直击它作为真理的终极性面目。

但是，即便我们基于工具性的推理接受命运的自足性，问题依然是：一个可控的生命是不是要比一个命定的更好从而更合理？

有一个古代思想家曾经提出过一个这样的推论。在欣悦、荣耀和反思这三种生活中，前两种都依赖于外在于我们的因素。欣悦依赖于幸运，荣耀有赖于他人反复无常的判断。但反思或对真理的哲学沉思作为独立的是最为优越的。发人深思的不是这聚焦于这一论点是否令人信服，而是“控制自己的生活总比被控制要好”这一预设。直觉上，这似乎很有道理，因为如果美好的生活完全取决于我们对真理的承诺，那么失败的可能性似乎就更小了。但亚里士多德，他在《尼各马可伦理学》中给出这一论证，并不相信成功率是重要的；相反，他认为，这一点在直觉上是明显的，仅仅因为反思性生活是独立的，它就是更好的生活。单单是追寻真理的困难就会让其成功率低于欣悦的生活或荣耀的生活，可是，由于它毕竟是自主的，反思的生活被认为是更优越的。

另一位古代思想家发现，他自身的好运值得反思与感恩。他接受自己的幸福为恩赐，并声称，承认其幸运是恩赐是可能有的最明智和最光荣的回应。当他的命运变得暗淡，接踵而至的悲苦与厄运，几乎滑稽地颠覆了他先前的快乐时，他依然优雅地接受命运的这一赐予。[①] 他朋友敦促他逆转命运，背弃这些坏的赐予，但他拒绝这样做。他对先前好运的接受不单是因为它是好的，而是因为这是他的命运。所赠予的一切都是他的，他认为，最好是拥抱命运的赐予，不管它是合理的还是恶劣的。如果我们在心里把亚里士多德与约伯（Job）放在一起，我们看到什么？对希腊思想家来说，自主与控制显然更合理。这是日常思维的缩影；但由于这是由一个超级大师提出的，所以这是日常思维的极致。亚里士多德不至于愚蠢到声称反思的人永远
91 不会经受痛苦或不会被自己的追随者背弃。他只是说幸运与荣耀不常有，从而不像可以被控制的东西那么有价值。我们必须承认它的论点是合理的。

另一方面，约伯也是个聪明人，他的见解同样具有说服力，但它们飘浮在日常思维的表面。约伯和亚里士多德之间的区别

---

① 宋代理学家张载《正蒙·西铭》中有名言：存，吾顺事；没，吾宁也。

不是信仰者与理性探索者之间的不同，也不是信仰与理性的不同。对约伯来说，问题是：能被赐予本身究竟意味着什么？他引人注目的立场不是一个天真的虔信者，相信上帝总是会做那些长远说来对我们更好的事。这一说法我们经常在神学的辩护者那听到，它等于根本否认任何恶的存在；仅仅是我们的愚蠢让我们看不到表面上的坏事背后隐含着的福祉。约伯的智慧没那么肤浅；因为，当他受到苦难的攻击，他并不视之为带着伪装的福祉，而是视之为苦难。约伯智慧之异乎寻常就在于，他知道作为一切都是被给予的那种生命意味着什么。

对各种占有形式背后预设的分析可以揭示这种思维的意义。我可以看着自己的手问：必须预设什么才能让我拥有这只手有意义？如果我对基因遗传的规则足够清楚，那么，我所需要做出的唯一假设就是自然本身。的确，母亲对我的呵护也许可以被完全归诸物种的遗传本能，因而即便是我基本的动物性养育也只是假定了支配这种现象的自然法则。然而，假如考虑一下我的工资收入，这是通过我的劳动并且按照合同规定的所得。为了理解我凭自己的劳动所获得的工资，仅仅预设自然规律是不够的。我还必须预先假定社会法律受正义原则的支配。换句话说，我用自己赚来的钱购买的商品之所以合乎情理，是因为我可以预设正义的有效性，以及历史中保护这些基本权利的政府的建立。自然与正义二者均在亚里士多德和约伯所共有的可理解性范围内，前者可以说明像我的手和脚这样的物质性存在，以及父母由于遗传本能对我的养育，后者可以说明我的雇主为我的劳动付给我过得去的工资。

然而，假设我被赠予一个礼物，不是工资或自然遗传。我

92 现在必须假设什么？只要礼物确实有别于天赋所获或继承的东西，我就必须假定赐予礼物的另一种原因。我有什么资格接受不劳而获的礼物？至少，我必须假定，我是谁，而不是我做了什么，因而应得什么，在某种程度上值得或解释这种恩赐。因此，如果有真正的礼物这样的东西，自然或应然都没法给出关于它的解释。相反，与我是什么或我做了什么相对立，我必须设定我是谁在某种意义上是重要的。我们向跟我们有关系的人赠送礼物，或是以感情为纽带，或是以共享一个共同领域（如家庭）为纽带。礼物的要点是它不是必需的。因此，赠与，如果要被认为是赠与的话，就必须以归属或感情为前提。正如家长给孩子礼物，完全是因为这是他的孩子，而不是因为孩子赢得了这份礼物，也不是因为孩子需要这份礼物才能健康、安全地生活。因此，约伯意识到，对馈赠的接受就是假定他在这一特定的意义上是有价值的。当然，接受这样的馈赠既非正义亦非不正义，因为礼物的意义并不在于诉诸所得。既然接受馈赠不可能是公正的，那么接受不幸的馈赠也不可能是不公正的。

一个人对礼物的恰当反应是感谢；约伯对他的好运充满感激。但约伯对自己的悲苦并不感激，因为这不通情理。他的朋友向他提出这样的呼吁：如果当命运的赐予是公平的时候心存感激说得通，那当被赐予的是苦难，那诅咒不是同样说得通？但是，诅咒是对赐予的完全拒绝；然而约伯认识到，有一种特殊的认可，它保持跟感激不同的对赐予这样的事的尊重，这是一种坚忍。约伯不是不合情理到对苦难感到高兴；而是确信这样的真理，即感恩是有意义的反应，而不知感激是无意义的。因此，接受命运的赐予是一种智慧。但智慧乃是直面真理，而不是优点。

按照这样的分析步骤，亚里士多德跟约伯的观点相去不远，相当接近，他们都看到真理的终极性价值。这两个古代巨人的智慧是令人惊叹的，并且都是本质性的。但在寻求直面命运时，约伯比亚里士多德更坚定地接近了真理。当然，如果不了解他对上帝赐予的信念，就不可能把握约伯的智慧；但是，在不做出任何形而上学假设的情况下，有可能辨析出命运的意义。命运在此被展开为某种赐予，意思是我们必须依思考礼物的同样 93
方式思考命运，表明我们是谁这一点是很重要的。在对命运本质的反思中，我们懂得了命运是故事展开中不可预知的必然性。将二者结合在一起，我们现在暂时可以这样认为，命运就是直面作为不可避免的赐予的真理。作为终极性的，这是我们在真理中存在的一种方式。这意味着它无法用任何原因或起因来解释，但它可以用故事的方式通过叙事的力量将原本没有联系的事件联系在一起。然而，并不是所有的故事都会让事件变得不可避免；只有悲剧才这样，而且是通过将主人公的存在价值与他的幸福或痛苦的正当性分离开来实现的。无论是悲剧性地强调性格，还是在赐予现象中分离出我们是谁，都揭示了命运的存在重要性。命运与欣悦一样，都是直面终极性，因此必须被视为真理的一个面相。

自　由

如果通过命运我们指的是生存中无法控制的方面，那么一定存在我们的确可以控制的相反方面。不过，自由无法依有选择得到根本的理解，因为，我们的大多数选择是我所能做出的只是因为我足够幸运，这意味着，它们之为机会本身就是我的命运。如果我自由地选择欺骗我的朋友，我首先必须幸运地有朋友，甚至更幸运的是能够做出这样的事。然而，自由不是个琐屑的概念。我们应该如何思考它？尽管亚里士多德没有使用自由一词，他关于受控的生活优于无法掌控的生活的假设明显隐含自主性重要的观点。进而言之，这一自主性唯有通过思想的生活才能获得。因此，所有可能的生活中，最好的生活方式就是在其中思想让我们摆脱任意性的生活——在某种程度上，思想的确可以做到，尽管思想也不能让我们摆脱命运。思想的自主性不是通过为我们提供选项或选择，而是通过为我们提供我们价值非任意的来源：真理。亚里士多德给出的其他可能的选项如欣悦或荣耀都被拒绝了，其唯一的根据是，它们都是任意与随机甚至恣意的。为何恒常性给出自主性？为什么我不正
94 好是自主从而自由的，如果我在人们无常的赞美中追随一种荣光的生活，或者追随由欣悦提供的转瞬即逝的愉悦？短促的欣悦难道不比持续的沉闷更好吗？在哪真理被保证永远值得我们尊崇？显然，真理并不仅仅因恒久不变而成为可贵的；死亡和虚无也恒久不变。

但这一论点有着惊人的一致性，它是无情的。将约伯从对他的幸福或苦难的奴隶状态中解脱出来的，是他对此是怎么想的。将亚里士多德从无常的欣悦和荣耀中解放出来的，是他将思想置于高于其他功利的地位。但那令思想可能的是什么？对此的回答不是启蒙运动的答案。令思想可能的不是心灵、理性、

判断，甚或解决问题的能力。令思想可能的是真理。因为，假如真理不是一个就其自身而言具有紧要性的有意义的概念，我不可能思想。能去思想是拥有自由的根本意义。自主的就是思想的，而思想之所以可能完全是因为真理重要。真理因而是自由的基础。

但是，直击真理的是欣悦与命运，而非与其对立的苦难和自由。在真理之为终极的分析中,命运比自由更重要。作为人类，我们无疑既是被命定的又是自由的，因而也许看上去命运和自由二者同样直面真理。但自由不像命运是自我解释或终极性的，正是因为自由可以用对命运来说不可能的方式被解释。当然，当我们思考自由时，还涉及另一个概念，那就是不可归约和不可逃避的责任，它像命运一样不可避免地给我们带来负担。但这不能通过抽象的自由概念，而必须在罪责的存在直接性中加以处理。

八　真理的面相：罪与美

罪 责①

手指，目责。犯错的人承认他们的罪责。真理不可抗拒和 95
无法改变地带着否定的负担。在整个人类意识的武器库中，没有什么比这更强有力的对否定的认知了。作为自我无非就是能够承担罪责（To be a self at all is to be able to be guilty）。

这一论点与哲学功夫中的任何招式一样清晰。如果我是无法被责之以过的；如果，也就是说，我对自身所为是不会有责任的；如果我的所作所为事实上是由先决条件导致的，或者它们是被复杂的自然规律决定的，那么，除我的肉身所指之外，根本没有一个“我”。因为，如果我的行为以及它们的内在反应的确基于那些可以通过自然得到解释的因素或条件，那么，我在它们中没有位置。如果对我朋友的冒犯是在先条件不可避免的后果，对我朋友的善意同样可以由那些先前因素得到解释，那么，关于一个自主和有价值的“我”任何有意义的理解都将

① 原文 guilt 在法律上指“犯罪、罪行”，另有“（为自己的行为）负责”和“内疚”之意。

完全丧失。因为，如果我的错误行为可以用这样一些外在的因素加以解释，那么，行为将既不是我的也不是错的。不但“有错”是一种幻觉，“有我”同样也是幻觉。假如他不能做任何事，怎么可能有意义地说存在一个“自我”？假如所有发生的事之所以如此是因为别的事情，怎么可能有一个“我”？引发塌方的石头同样没有“自我”。我既不能发起行动，甚至也不能将自己看成在人类巨大网络中可以解释任何事情者。否定罪责，意味着完全无足轻重。不能承担罪责，就等于在有意义事件的词典中彻底消失。

当然，我可以抗议说自己在某一特定行为中没有罪责；但这等于假定我是可能会有责任的。在某一特定错误上的清白之
96 所以可能，仅仅是因为我完全是可以有过错的。阅读并听从那些聪明人关于所谓自由或决定论问题的思辨，真是让人难以置信。假如我所做的一切事实上是由自然因果决定的，那么，我对决定论的信念与断言本身是被决定的——也就是说，我没有办法只能相信决定论——而这样一来，真理本身不再是一个有意义的概念。因为，如果我被决定了相信 X，那么我*必定*相信 X，从而 X 是否的确为真就完全无关紧要。

说*我*存在蕴含着我的存在是有意义的；但是，除非我能被视为需要为我所做的事情负责，否则我不可能会是有意义的。于是，根据否定后件式（*modus tollens*），如果我不能有过，我就根本不可能*存在*（cannot be）。躯体可以存在，但它不可能在意识上是“我的”躯体，因为什么是“我的”取决于“我是谁”这一有意义的概念。假如我所做的一切最终都被追溯到我自身之外的因素，关于“我是谁”这个有意义的概念就消失了。

因此，可承担罪责是有意义的自我意识概念的本质特征。也许甚至还不止于此。罪责完全可能是自我实现中的终极性，它让人有可能在真理中。作为有罪责的就是成为在真理中的（To be guilty is to be in truth）。

让我们假想有一个人被指责虐待儿童。再让我们假定关于所涉及的相关事实毫无疑义；这个人承认他本人做了所指控他的事。但他跟他的律师声称，他是被迫做了这样的事：他不得不这样做。他儿童时期的心理环境以及自那时起的外部因素令他完全无法抑制虐待儿童的冲动。这等于说，也许他自身负责任地行动的能力太弱或者未能得到充分发展，以至于不能抵抗导致他做出那样的事的外在影响。这我们可以理解并感到遗憾，因为这意味着他自身的意志——他到底是谁——不像外在因素那样重要。我们为这个人感到惋惜，并且要求他不应再被允许享有自由，因为他控制不了自己。他不会被惩罚，因为从真正意义上讲，他没有罪责。

但让我们设想另一个完全不同的论点。现在的断言是，作为一个人，他在根本上甚至不具备作为人类行为主体的能力。这不是指他没有足够的道德力量，这可以减轻他的罪责甚至为他脱罪。相反，这是说他根本不重要，心理条件和环境因素完全耗尽了构成其存在的所有解释力量。在第一个个案中，我们 97
通过消减能力的手段发现他的无辜；但在第二个个案中，我们发现他甚至在道德上是无关紧要的。也就是说，他是谁根本无所谓；唯一决定性的是那些造就他的环境的诸因素——虽然我们也许甚至不会这么说；相反，我们会说唯一的是那些造就那（而不是“他的”）环境的各种因素，因为真正说来并不存在“他的”环境。“他的”这个词指什么？肯定不是一个行为者。在这一说明中，“他”根本消失了。

最后，让我们——如果我们仍然能说“我”或“我们”的话——假定无以作为能负责的状态是所有人类面对的普遍状况。这样一个状况，由于它该会是件事情，将不可能发生；如果事情会是这样的话，那么，我们都会消失。但这一假定会被坚持，因为，这是与自然法则相一致的唯一假定。这一法则要求每一件事情都有原因。这样一个假定不可能是真的[①]，因为它也是完全为自然所决定的。不但“我们”没有了，所有的意义也都消失了。我们没法思想——或者不如说，由于人称代词无所（称）谓，思想不可能存在。

这一归谬处理（*reductio ad absurdum*）揭示了罪责之为真理的根本必要性，舍此思想无以发生。假如给出一个这样的论点——作为一个论点，它要求思想——罪责只是一种幻觉，那么，思想与真理二者都是幻觉。然而，归谬的价值不在于表明必然存在罪责，反之，它表明的是罪责是什么意思。有责即有一个自我，在此，“自我”意味着你是谁确乎是重要的。

现在让我们设想那个被指虐待儿童的人承担其罪责。他仍然坚持自己的童年与环境令其行为易于发生，并且，一些心理因素让他很难控制他自己。但他认识到屈从于这些基础冲动不是必然的，他承认，由于屈从于这些冲动，他做了本来不应该做的事。“应该”是个关键与重要的道德概念，但就虐童者而言，

① 这样说是因为，真的是以可能假为前提的，而一切必然的世界中不可能有假，因而不可能有真。

重要的反倒是“不”，这才是主导性的。因为，这个“不”是其罪责的根本意义所在。这个“不”不是首先作为某种否定的逻辑功能被发现的，而是在罪责中获得其意义的，并且正是因为“不”意义具足，它才能提供纯粹形式上的否定能力。罪责的“不”先于逻辑否定，因为在罪过罪责中一个人是有意义的，因为他承认了自己的欠缺、失败、否定，而这种欠缺、失败、否定本身就包含在他从根本上能肯定或否定的那个能力中。

内含在罪责中的否定同时是因果系列的中止。承认罪过， 98
你就切断了对任何进一步解释的诉求，并且因此让自己成为独立与赤裸的。没有进一步的心理学解释，也没有必要描述内疚的感觉，因为，与救赎推理的分离无比深刻。承认罪责不只是解释什么是它的根据，它本身就是根据。没有进一步的解释，因为有罪责即终极解释。“我有罪责”不可能得到解释而不自相矛盾。因此，作为有罪责的就是直面自己就是作为理由。我是理由，我是原因。是我的错，而过错的意思是不可能有任何别的解释。罪责是终极性的。因此，作为终极性的，它从根本上直面置身于真理中。它就是真理。

但这一真理为什么必须是如此负面的？这个问题就跟问为什么欣悦一定是如此正面的一样不走心。罪责之“否”就跟欣悦之“是”（yes）一样根本从而一样意义具足。对这一“是”与这一“否”没有限制。这就是在真理中的含义。

应该指出的是，肯认罪过之为终极的恰当动词是“承认”。这是一个熟悉的分析，即无论所知者为何均为真。假如我知道“巴黎在伦敦的南边”，那么，巴黎在伦敦之南为真。如果我说我知道罗马在伦敦北边，那么我已经误用了“知道”一词。我可能相信这个假断言,但不可能知道它。同样的逻辑适用于“承认”。如果我承认自己有过,那这一定是真的。但如果,因为受骗,我在事实上没有过错的情况下说我承认自己有过,那么我对这个词的使用是不正确的。依照严格的哲学精确性,承认陈述一个人是什么的真理而不是作为认知对象的事件或事实。严格说来,我不是承认罗马在伦敦南边,除非我此前曾经说过相反的话而现在承认自己错了。同理,我们不应当说“我知道我错了”,除非这是个纯形式的事,即将我的过错单单作为认识论证实之事来考虑;也就是说,我的过错,就像罗马与伦敦地理上的关系,是某种我可以将之作为我认知中的一桩事来断言的事情。于是,形式地,承认是将属于我的存在的某些状况确立为真。我也许承认自己在爱或在欠债,并且除非我通过误用概念在欺骗听众,这一承认确立这一模态的真理。因此,这既不是描述的真理,
99 也不是施行之言,而是在两者之间。这就像语言的行事性使用,因为比如承认我有罪就意味着第一次接受我有罪;但它也类似于描述性使用,因为我有罪并不取决于我是否承认。(例如,我可能在进行自我欺骗,因此否认自己有罪,直到我自己的意识揭露了我的欺骗行为,这时我才承认自己有罪。)承认特别涉及我们自身的存在,但和认识一样必定包含真理。

罪责清楚地将终极性呈现在我们面前。罪责是无法用先前的条件来解释的,因为那样就根本没有责任可言了;在承认罪责时,就不能再申诉,罪责无以逃避。有罪就是在真理中。这是终极。

虽然罪责是终极性的,但它的对立面却不是;但奇怪的是,分析它的对立面比对罪责本身的分析更能帮助我们理解罪责的

真相。从存在性的角度来说，有罪的对立面并不是无罪，因为只有当我首先能够有罪时，无罪才是可能的。要想找到罪责的对立面，我们必须延展到一个更为迷人的现象。

宽　恕

承认罪责即直面作为终极的真理，于此似乎不存在与之相对者。可是，宽恕（forgiveness）不可能否认我的罪责，却的确将之当作不再是不可回应的而超越了它。因而，宽恕不否认罪责——因为作为终极的即无物可超越它——但宽恕可以超越罪责。宽恕必须不与原谅(excusing)——这只是减责——相混淆，也不与合法性辩护相混淆——那只是让罪责从来不在场。只有罪责才能被宽恕，但既然罪责是终极所在，宽恕就必须确立一个完全独立的、更高的意义场域。可是，宽恕本身非终极所在，因为我们可以有意义地追问为何某人被宽恕，而我们不能同样有意义地问为什么某人有罪。（当然了，我可以问为什么某人认为另一个人有罪，但在这里，“为什么”与证据有关而不与罪的存在本身有关。）于是，看起来很明显，宽恕之所 100
以可能乃基于罪责之真理，而不能由罪责得到解释。那么，我们怎么理解宽恕的意思？

假设我失德地冒犯了某个和我关系很近的人。罪责是绝对的，如所有罪责一样。我应该被谴责；让我们设想，在承认自己罪责的同时，我接受惩罚的必要性，以重建正义。但我被宽恕了。为什么？在此，宽恕与罪责的不同是显而易见的。我不能问为什么我有罪，因为没有什么解释比有罪本身更充分。但被宽恕却差不多总是要求进一步回答凭什么：我为什么被宽恕？

“我”再次成为焦点。在罪责中“我”被揭示为根本的。可是，道德律内含普遍性；像我那样对他人的冒犯行为在道德上永远是不对的。但是，宽恕不可能是普遍的，因而，不论与我有关的任何对我之被宽恕的解释都是不可转换和完全特殊的。我的罪责是特有的；没有任何其他人可以分担我的责任；但确定我行为之不道德的法则是普遍的。可是，在宽恕中完全不存在任何的普遍性。我们不能制定一项普遍适用的准则，规定谁在什么条件下应该宽恕谁。宽恕永远是一项没有理由的行为。因此，如果我问跟我有关的什么可能导致对我的宽恕，我不能通过我是什么来回答这个问题。相反，我只能通过我是谁获得对问题的回答。

我们宽恕谁，并且为什么？我们宽恕那些我们所爱或尊敬的人，或者那些我们认为因某一方面的意义被提升到超越仅仅只是那种道德上可负责的主体的那些人。宽恕之所以可能，是因为我在某个不囿于我作为道德行为主体意义上的重要性。我因已之所为犯有过错，由于我本身而得到宽恕。假如我是父母宠爱的儿子，我作为儿子这一点就超过了我必须承认的过错。由于我不是理应被宽恕并确实难辞其咎，那么当我得到宽恕时，应得和美德这样一些词汇就彻底被打破了。

由于我没有被宽恕的权利，宽恕必须被看作是一种赐予。但这一赐予需要有一个基础，这个基础就是我自身独特的存在价值。它和解释我之过的独特道德价值相对立。因此，以我的罪责为基础的独特道德价值与以宽恕为基础的独特存在价值是对立的。由于宽恕是建立在特定基础之上而罪责是作为基础的，只有后者遭遇作为终极的真理。

是否可能拒绝宽恕？显然不能，因为这不取决于我，而是 101
来自赠予者，他在宽恕中将我是谁置于比我做了什么更高的位置上。但是，罪责不止于我所做的事；它同时还是对根本性否定的肯认，它带着压迫性的负担。这不仅仅是我破坏了一个承诺，这可以视为是一种行为，它同样是对我的负面性不可抗拒的承认。宽恕肯定了在罪责中被拒斥的东西。是“是”的反响，反对并超越根本性的“否”。

但是，如果我们将罪责定义为真理的四个面相之一，这是否隐含着宽恕是一种假？我们一定不能过快否定这个说法。说到底，宽恕就是欺骗正义。那些道貌岸然地以为他们因为愿意宽恕而在道德上高人一等的人是彻底的自我欺骗。宽恕者，就被宽恕之事而论，完全承担起在正义上作弊的可怕负担，只有真正的高尚者才能这么做。应该说清楚的是，“无视”恶或者对之“睁一只眼闭一只眼”与真正的宽恕完全是两码事。许多人所认为的宽恕其实是意志的怯懦，不能以承担责任的方式给罪责以尊严。在此，正义是受到虚伪宽恕重创的牺牲品。

逻辑很简单。宽恕乃是在存在价值的祭坛上牺牲正义。被宽恕是被爱或被恩宠，这是基于你是谁，即此确立一个自足与超越之域，由此承担对正义的侵犯。伪宽恕由于拒否犯事者矫正自己过失的权利而侮辱了他。以这样的方式，伪宽恕通过藐视犯事者独有的道德价值将重负加诸其身，从而将他视为担不了事的人。而真正的宽恕者是将责罚揽在自己身上。因此，真正意义上的宽恕是因为所宽恕的事而变成有罪责的。我们该怎么理解这一点?

由于罪责与宽恕二者的语言中充满误导与危险的魔力，我们的分析必须非常谨慎。例如，我们很容易说母亲因为爱而宽恕她的儿子这样的话。被爱因而是被宽恕的根据。儿子的角色凌驾于他干了什么之上，于是，慈爱的母亲宽恕，而宽恕被视为一种逾越道德的爱。这是个很诱人的说法，并且其中无疑包含某些真理。但是，我们已经看到，任何以轻视罪责的尊严为
102 目的的中止谴责，都不过是一种忽视正义的要求和贬低罪责真实性的形式。头一个用语听上去是恰当的，但却太轻巧。因为当爱作为一种满足的情感，把罪责当作可以抛弃的东西，从而取消了尊严的基础时，它就不是高尚的了。抛弃罪责就是抛弃自我，而随着自我被抹去，算个啥（matter at all）的资格也丧失了。真正的宽恕的确承认被宽恕的那个人的自足价值。但是，在给予宽恕时，接受惩罚的道德要求并不完全被抹杀。真正懂得爱的母亲在宽恕犯事的孩子时痛苦；她不能把儿子的罪责拿到自己身上，因为那是不可能的，因为，正如我们看到的那样，罪责是终极性的因而不可转嫁。但她可以主动承受正义所要求的处罚。一旦母亲心软，逃避指证其子应受处罚的罪责沉重的必要性，她就不是宽恕者，而是一个伪宽恕者。在这种情况下不存在真理。只有一种品质决定了真正的宽恕，当罪责的尊严和对赎罪的接受超越道德时，这种品质就是高尚。

因此，“高尚”的概念显然是区分真正的宽恕者和虚假的宽恕者的重要因素。同样显而易见的是，如果我们理解了母亲因为爱儿子而宽恕他的诉求，那么，关于儿子之所以被爱

的任何说明，对理解罪责的终极性为何因宽恕的超越性被避开都是至关重要的。这就引出了真理四个面相中的最后一个。

美

当罗密欧一眼看到穿过舞厅的朱丽叶，被触动的他高声说："美，于用太奢侈，于此尘世则太珍贵。"这一富于诗意的见解获得了相当大的哲学支持。康德在《判断力批判》中恰好有同样方式的说法，坚持审美判断不会有目的。柏拉图、叔本华、尼采、海德格尔以及无数其他的一流哲学家都坚持支持这一见解的相似学说。如果有人看到塞尚画的桌上的苹果而觉得想吃，并由此将绘画的价值解释成为水果产业做广告，我们认为他完全不得要领。我们不会问《圣母怜子像》的用处；也不会问我 103
们能用《暴风雨奏鸣曲》做什么。很简单，美比有用丰富得多。

然而，美的这一非目的性品质的完整意义却很少被探究过。因为，不需要有用并不仅仅是美的细微品格；而是美的本质本身深刻与根本的性质，它不能依其目的或其因果来思考。美的事物当然是有其原因的；而且它们甚至可能有其目的；但是，将它们作为美来思考就是不参照其因果或目的来思考它。这当然是一个显著的翻转，它是如此富于启示，这似乎部分地可以说明面对美我们经久不衰的惊叹——也就是说，我们完全可以非目的性与非因果性地思考我们的经验。有一点必须加以强调：面对美我们的确思考，而不只是感受。同时，我们与美的遭遇中特殊的一点是，我们所感受的和所思考的似乎奇特地是同一个东西。康德的用词是“和谐”，宣称在美感经验中所思考的与被感受的处在完全和谐中；但同构性（isomophism）似乎是个更直接的词。看上去几乎可以说，在与美的直面中，思想与感觉已然变成一个东西。柏拉图青睐的词似乎是同一性而不是和谐，因为他主张，美同时既是思想也是感知；他的确提出，思想与感知的同一性唯有在美中得以发生。

无论这些不同的思想家出于何种理由将美视为非目的性的，以及以某种方式将思想与感官统一起来，他们的见解显然表达了一种相当普遍的理解。我们不追问美的事物的原因或目的，仅仅因为它们是美的就足够了；在面对美时，我们似乎将思考与感觉统一起来，因为美不需要更多的理由。尽管美是被感觉到的，但感觉似乎不足以解释美，因此我们坚持认为美也是思维出来的。但思考本身似乎也不足以解释美，所以我们坚持认为美也是被感知的。然而，我们并不想用思想的和感觉的将美区分开来，因此我们打破了之前的所有规则，直接将它们统一起来。

这不像其乍看起来那样漫不经心。在人类其他活动中，所有我们提到的哲学家都劳神费力地将思想与感觉区分开来。被感觉的东西是偶然的，被思考的则是必然的。思想是分析的，
104 感觉是综合的。思想要求心灵，感觉要求身体。整个哲学建制都依赖此一分野的重要性。然而，在美的问题上，这一分别要么被克服，要么至少极大地被削弱。我们无奈地将美仅仅理解为某种愉悦，因此，我们对只是将它解释为某种感觉感到犹豫；可是，我们对将美理解为单纯的认知行为同样颇感踌躇，因而对将之只是解释为思想感到犹豫。我们已经看到，我们从伟大

的画作中可以学到观看意味着什么；从而在与美的直面中通过观看学到某些东西。这引导柏拉图确认在对美的领悟中感知与思想的统一。

但如果美同时是非目的性的以及是思想与感知的统一，这可以解释我们为什么把它看作是终极性的。在对美的感受中所学到的东西给予我们作为终极的真理。巴赫壮丽的赋格不是赋格法的产物，相反，赋格法则实际上是在巴赫的音乐天才中被听到。不可能有一个关于规则的纯粹认知系统可以确定这些声音将会是令人愉快的。正如悲剧的不可避免性于故事被讲述后被揭示，音乐的合法则性必须在音乐中被听到，而不是在头脑中事先概念地明晰的。因此，与美直面之际，我们并不在有思地感受到的东西之上更有所问，而在这一维度上，美是终极。

然而，即便我们承认这一点，有人可能争辩说，虽然美确实是终极性的，但它又为什么*真*？也许美只是深思的终极经验。但这种想法并不合适。伦勃朗的美向我们揭示观看究竟意味着什么，而这一揭示，尤其就它是终极性的而言，不只是愉快的或优雅的，它是真的。我们关于事物的任何理解的根据都是在真理中。

这里寻找的是一个正确的动词。我们“感受”美，还是“直击”美，甚至或者是“承认”美？这些词没一个不恰当或者错，但也没有一个完全恰当。考虑另一个富于启发的选项：“输诚”（submit）于美。这个动词暗示美有一种力量，一种吸引力。我们知道，男人被女人的美俘虏并非不可能之事，甚至一个人也并非不可能被非人事物的美所俘虏。很容易认为，这里的第一种情况实际上不过是被性欲牵着鼻子走，此际，对性快感的单

105 纯渴望是如此强烈，以至于它压倒了其他的信念，让人成为其欲望的奴隶。这一分析在某种情况下当然可能足够真。但是，对于是美而不单单是欲望奴役人的观念也应加以考虑。不论是否伴随着性兴奋，我们很难将目光从真正可观的美的对象身上移开。如果我们真的可以被美劫持而不只是被其所给予的愉悦俘虏，那么其后果是值得注意的。因为，是什么样的权威让我们被美夺去我们的意志？基于什么样的权力，它阻止进一步的兴趣发展，剥夺我们往别处看的自由？

对此有可能给出经验性的解释——那就是，这仅仅是对特定刺激的特定心理反应，跟獴见到眼镜蛇就兴奋是一回事。但这似乎并不是我们考虑被美所俘虏的方式。当然，任何还原论谬误都会不恰当地允许一种描述依另一种描述加以释读。关键是，这样的还原论总是会遗漏一些东西，而在我们与美的关系的心理还原论中，很多东西被撇在一边。因此，我们又回到了这样的问题：因何种权威美带着终极掌控与我们照面？

权威就是真理。可爱的东西可能是虚假的或虚幻的，美往往具有欺骗性。但当美劫持我们的眼睛，其和谐揭示了观看最真实的意义；我们被驱使承认或认为，这一美的物体或人首先就是我们有可以观看的眼睛的理由，因此，移目不视与我们是能观看的根本是不一致的。在美抓住我们的眼睛之前，我们不能说我真的看了。这是有思的感受者向美的东西输诚或臣服，在此，你被真理的力量或命令所俘获。为什么提及真理？因为在为美所困时我们遭遇终极。

这是对我们在第一章中碰到的关于真理与美著名但令人困惑的统一性的融贯解释。济慈为何在希腊古瓮（Grecian urn）

中看到真与美的统一？为什么狄金森将爱真理者与爱美者比邻而葬？不是因为只要是美的总是真的，这很荒唐；也不是因为只要是真的总是美的，因为这与我们大多数的经验相悖。相反，这是因为与美的直面将我们带向终极之处，也就是说，不能被进一步解释之处，而遭遇终极就是在真理中。短语“在真理中” 106
的意思不是拥有知识（虽然它可能意味着对知识的探寻，或至少相信知识重要），也不是表示正确。而是指在直面作为意义之源的本质（essence）的意思上让真理发生。正是因为美驱迫我们去看，并且的确照见本质，它才可以被理解为真理的面相。基于真理的理由被美俘虏就是不能从它身上移开目光。另一方面，根本不能看则是美在存在层面的对立面，正是在这一概念上，我们必须转向完成我们关于真理的第四个也是最后一种面相的理解。

龌 龊

我们由之转过脸去，希腊戏剧中所说的发生在“舞台之外”的东西，就是龌龊（obscene）这个词的意思。它的意思不是不好看，我们能看丑的东西，甚至被它所吸引。也不是色情的意思，因为色情很可能刺激我们去看我们不该看的东西。它甚至不是指反感，尽管这个词比其他词更接近，因为反感可以仅仅是由于缺乏经验或教养。一个训练有素的医生面对一个因车祸而残缺不全的身体不会产生反感，而是将之看作需要其专业技巧帮助的人。而敏感的儿童则可能没法面对可怕的场面并因而可能转过身去。

因而，“龌龊”指向的是更具规范意义的概念，而非经验概念。它不太是指我们由此事实上掉过脸去，因为这不是普遍的，也不意味着我们应该掉过脸去，因为那意味着的也许是对隐私不恰当的冒犯，甚至意味着色情。而“龌龊”一词意味着那种被理解为没有被看的价值的。

“别看这个！”在许多神话中是一种警告。看美杜莎之首是致命的不幸。看到所多玛和蛾摩拉城毁灭的罗德的老婆变成了盐柱。某些事情（秘密）不应被人知晓或关注，这似乎意味着某种神圣感。但龌龊简单就是当我们看着它时这冒犯了我们的观看。正如美劫持了我们的看，因而我们没法别过脸去，从而
107 揭示了看这回事是什么意思，龌龊拒斥看，因而我们根本不能看。正如矛盾既冒犯思想又不能被思想，龌龊冒犯看因而在根本上与我们能看相抵触。

那么，我们的脸到底朝什么转？如果不是令人厌恶的或丑陋的又或者令人作呕与色情的，那又是什么呢？上文提到的神话的警告给了我们线索。我们从对神圣的亵渎那掉转脸。我们不会因为自己神经脆弱或怯懦而从对一个漂亮孩子的残酷毁容行为面前掉转脸，而是因为对此的观看是如此一种亵渎，几乎等于是对它的认可。观看这样一种十恶不赦的行为等于将其视为是值得看的。这种亵渎中有些东西是如此邪恶，直面它似乎都是错的——那是对植根于龌龊的东西的拒斥。这似乎暗示那在此所遭遇的是真理。但这一暗示只有当我们所谓“错误”的是相对于“置身真理中”，而不仅仅是与诸如真句子中的真相对立的意思才是有意义的。我们的确会面对假的句子；它们和真

句子一样是有意义的。但如果真理指的是在本质中发现的意义的来源，那么，假的确乎会是下流的。

但这种思考几乎将我们带入了神圣的门槛，它将我们带向超越目前探讨的局限。我们只要认识到，为什么在整个讨论中，我们都在谈论*直面*终极。与其说我们认识、推出或说出真理，不如说我们直面真理。表明这一点的是我们关于龌龊的反思——龌龊是我们拒斥的，是我们*无法*直面的。但假如龌龊让我们转过脸去，而美是存在层面上龌龊的对立面，那么我们在美中直面我们所看到的。在我们的看中所直面的*东西*是真理。因此，美是真理的面相。

论　点

在上两章中，读者的耐心大概受到了严峻的考验。这是一本关于真理的论著，而上两章讨论与分析的主题是欣悦、命运、罪责和美，与之相对应的则是痛苦、自由、宽容以及龌龊。前四点被确认为是真理的面相，但是，举例来说，将命运确认为 108
跟真理有任何关系似乎相当勉强。即便对这两章论题及其实指主题的模糊联系有所感知的读者，在对这四个面相进行分析之前将一直未能被给出的东西加以勾勒，这即使不算那么好的做法，也是很好的态度。以下并不是要给出一个逻辑的证明，而是给出本探索的方法论框架。

1. 如果我们将自己限定在纯形式的描述，真理就成了“令提问有意义的东西”。（因为除了门有被打开的可能性，问门是否开着是没有意义的。）

2. 智性地发问是为了寻求令人满意或决断性的回应。探问之满足与决断是真理的根本意思。
3. 看上去“满意”并不够，因为，错误的回答也可能满足一些提问者。但第 2 条要求智性的提问，它要求正确的回答。当我提问时我不想被骗——因为只有当回答的确回应了问题时提问才是有意义的。回答是否正确，这超出了对真理的本质和意义的探究。
4. 只有当它可以引出（a）确信,（b）接受,（c）承认,或（d）输诚，有意义的提问才可能被满足。
5. 知识在某些问题上具足智性满足的资格；因为我能确信对“我想要知道的事情”的回答；我能承认那是独立于我想要知道的东西的意义上接受此回答；我能在知道那是我自己的理性与经验所告诉自己的意义上承认此回答；以及我通过臣服于明证（evidence）的力量或份量输诚于回答，证据要求我承认回答为真。
6. 但知识只满足关于事物“是否”或“是什么”的理智问题。
7. 关于“真理”这个词应该有一个有意义与合法的用法，它不包含在知识性主张中。
8. 这提出了真与真理的分野，虽然这一区分仅对本探究有
109 效；它无法通过仅仅诉诸日常语言而得到支持。
9. 然而,第 2 条中形式化的临时描述仍然成立:“真”与“真理”都为不同形式的问题提供某种满意的回答。
10. “真理”所在的是这样的场域，其问题是关于在本质中所揭示的意义。“真”所在的是这样的场域，其中知识

给出最终的答案。

11. 跟真答案一样，本质给出终点。考虑到术语严谨的重要性，说我们*知道*本质是不恰当的，因为这样一来，本质就会跟一个答案是一样的东西。然而，我们*直面*的是无须更多解释的东西。我们*知道*什么是真的，我们*直击*（confront）[①] 真理。

12. 我们可能直击的本质的数量没有限制，就像我们在知识中所能知道的关于事实性问题的答案的数量是没有限制的。

13. 但是，关于直击本质真理还需要加以解释。一个探索者为了说明直击本质真理的可能性，什么必须被假定?

14. 对第 13 条的哲学回答无法在任何关于我们如何*知道*的说明中找到，因为认知被限定于真答案。

15. 因此，我们必须阐明直击意味着什么，它是无法被直击自身之外的任何东西解释的。无论这些解释是什么，它们都必须与第 1 条和第 2 条中关于真理的形式化理解相一致。

16. 在直击自身外无法解释的直击可以被缩简为“直击终极”。为了“直击终极”我们*必须*预设（a）*确信*终极的能力，我们在*欣悦*中看到它;（b）*接受*终极的能力，无论是通过感恩，或是通过高贵的承受加诸自身的，

① confront 及其名词形式 confrontion，依语境不同，分别翻译为“直击”“直面”“遭遇”。“直击”倾向于与真理客观遭遇，“直面”比“直击”更多主动正视的意味。

这是命运；（c）承担终极的能力，我们在罪责中看到它；（d）输诚于终极的能力，这是美。

110 17. 说真理是可以被确信、接受、承担、输诚毫无奇特怪异之处。在真答案的日常意义上，我们同样确信、接受、承担、输诚于真（参看第5条）。

18. 这一分析只在非认识论的语汇中阐释对真理的这四种反应。也就是说，它表明当我们不是在说知识，但仍然说的是真理时确信、接受、承担、输诚意味着什么。

19. 于是，真理的四个面相是关于真理必要的存在性（而非认识性）前提。既然我们不是说主体知道什么是真的，我们必须说的就只是“在真理中存在”（being in truth）。因为只要提问者能确信、接受、承担、输诚，能令提问者满足的就只能和必须是这样。这一分析给出了关于在真理中存在是什么意思的非任意与连贯的阐释。

20. 在直击终极的所有情况中，我不可能也决定不了我是否会遭遇；遭遇独立于我的决定或意愿。

21. 因而，关于直面终极没什么是任意或主观的。因为如果“终极”意味着“在其自身之上无以被解释与说明的”，那探索者的任何主观或任意条件都不足以构成说明。

22. 知识当然并不预设真理的四个面相；因为知识是关于真的。

23. 对于任何不知欣悦为何物，不能背负命运与罪责，对美无感者，遭遇终极，就和探究本质一样，是不可能的。因此，这在逻辑上是可能的，虽然事实上可能未必如此，一个人可以有知识从而知道什么是真的，但不能觉知存在的终极从而缺失真理。

24. 探求知识与直击真理皆无成功保证。知识的探求者与本质的探寻者都可能被诱导或欺骗。但是有证实的原则及检验程序，虽然它们不是不会错的，却可以将我们的事业从无望的不确定性中解救出来。任何时候我 111
在自己是否有知识这一点上显然可能会有错，我同样可能没有理解真理问题的根本意义。但这两种可能都不意味着关于真的怀疑主义或真理问题上的虚无主义。发现了我有一次被骗了或未能直击本质真理本身已经揭示了真与假以及真理与非真理有意义的区别。

这二十四点构成“论点”，即对前面两章分析的合理性论辩。必须重申的是，欣悦、命运、罪责以及美并不总是提供知识，例如欣悦可能将我们引入迷途。这四种面相揭示的是，如果我们确乎可以在真理中存在，关于自己我们必须预设什么。它们同样揭示了真理为什么要紧。但这并非显而易见；这个问题值得另章探讨。

第四部分　世界

九　世界

无论我们对真理的理解还需要什么，我们都必须问一问，115 世界在我们的叙述中扮演了怎样的角色。因为对真理的探究如果不考虑世界，肯定会与我们的正常理解格格不入，不值得认真思考。事实上，“世界是这样的”似乎是大多数人在使用“真理”一词时的普通含义。即使这种模糊的认同无法支撑哲学批判的严谨性，但它仍然表明，在某种程度上，对真理的充分说明必须包括我们生活的世界所扮演的角色。如果脱离世界来描述真理，我们可能会正确地怀疑，这种描述是如此抽象，如此知识论或纯粹的认知，以至于整个努力都被虚假的光所蒙蔽。理解真理部分地在于理解世界的含义。

这是无可否认的。然而，世界的概念究竟如何融入对真理的理解，却绝非显而易见或一目了然。这个问题之所以模糊不清，在很大程度上是因为哲学传统是从一个孤立的认识主体的立场——启蒙运动——出发进行探究的。在本研究成功地分析世界的意义在我们理解真理时所扮演的角色之前，有必要首先消除认识论偏见在提出这一问题时所产生的有害影响。启蒙思想家为我们提供了这样一种遗产：当涉及真理问题时，他们几乎只关注心灵；当涉及政治或社会重要性问题时，他们几乎只关注个人及其权利。这一对认知主体及个体行为者的聚焦十分麻烦，必须小心揭露，从而可以将这麻醉人的鸦片分离和消除。

116 康德是所有此类思维的集大成者和超越者，他在哲学上留下的遗产是他引人瞩目和有力的提问方式，他将之视为解决所有重大哲学问题最根本的方式：“如果 X 要有可能，关于人类心灵必须做出什么样的假设？”在这里，X 可以是任何哲学上有趣的活动，比如数学、科学、道德甚至审美判断。他问：“数学如何可能？”他的回答是：因为人类心灵被设定去做数学。这一遗产在某种方式上产生了令人惊叹的作用，在这一遗产的影响下产生了相当多的哲学资产。然而，尽管其无可置疑的价值，它仍然还是一种心智主义的进路，从而留下许多宝贵的东西未经思考。

事情并不总是这样。古希腊人似乎认识到有必要同时提出这两个问题。例如，在寻求对爱的理解时，他们不仅询问爱人的各种激情，并且首先询问激发激情的独特品质：美。恋人的渴望与爱人的美丽共同为我们提供了对爱情的更高理解。对启蒙运动而言，通过认识者来接近被认识者，这的确是一种奇怪的策略，因为它似乎支持怀疑主义本身，而这正是当时的思想家们所竭力阻止的。一旦思想家产生了认识的心灵面对被认识的外部世界 的想法，这种方法所造成的鸿沟就已经无法弥合了。因为，几乎在不知不觉中，思想家本能地假定*心灵不在世界之中，世界在心灵之外*。只要浏览一下启蒙运动甚至当代认识论的任何文本，就会发现这种令人遗憾的错误观点。诸如“如何保证认识的心灵能够进入外部世界？”这样完全荒谬的问题非常严肃地提了出来。但是，这样的问题是没法回答的，由之而来的是致命的怀疑论或天真的实在论。这问题本身就是个错误，因为它*假定*心灵与世界之间的断裂，而这种断裂是无法被无矛盾地思考的。如果存在心灵，它就一定存在于世界之中；如果存在世界，它就已然包含了心灵。作为世界的一部分，心灵不能走出世界之外并获得一种独立性，好像一个州从一个国家中脱离退出。世界也从来不能“外在”于心灵，仿佛一个逃犯自外于社会。认识是肯定可能犯错误的，但这不能归咎于心灵对世界的背离。错误，和恰当与正确的判断一样，是与在世界中 117
的心灵有关的，并且只能因此被认为是错误。

奇怪的是，许多怀疑论者是从我们会犯错误入手的：如果我过去犯过错误，我就不可能保证我*现在*没有犯错，因而任何真正的知识都是不可能的。但这个论点是荒谬的，因为它依赖于错误的可能性与知识不相容的推论，而事实上，相反的推论才是唯一有效的推论。为了能犯错——在此我指的是我可以发现我关于某事的想法是错误的——首先我必须能够从什么是错的中区分出对的。我是怎么知道自己关于某一事物的最初信念是错误的？对错误的*肯定*假定对准则进一步的肯定，通过它错误可以被辨识，以及在一些情况下被纠正。至于我现在也许有错，这只是表明知识不依赖于*现在*，而不是知识完全不可能。进而，对此前错误的确认就是*知识*。我没法断言我错了，除非我知道自己此前所相信的是不正确的。这意味着，错误并不将我与世界分开，而是在世界中的一部分。如果错误会令任何特定的知识不可能，那结果就会是完全和彻头彻尾的信念[1]，甚至不会意识到任何错误已然发生。

在此至关紧要的是这样的教条，即心灵与世界是相互分离的实体，并且两者通过含糊和不确定的关系神秘地联结起来。有了这样的出发点，人们要么沦为麻木的怀疑论，要么沦为虚无主义的经验论，在这种经验论中，知识仅限于正确地、批判性地使用经验能力，而经验能力只能为我们提供事实，即自然界中简单发生的事件（事实）。道德、审美、精神性及灵性观念因而被归结为只是在实在中无根基的信念，从而成为“主观的”。但“主体”终归足够实在：它是世界的一部分。因此，这种学说所预设的心灵与世界的尖锐分割就被驳倒了。尽管如此，这个潜伏的错误持续吸引并困住了许多聪明人。

心灵 / 世界的分立，对知识问题危害甚大，对理解真理的尝试来说甚至是更致命的。因为根据这种错误学说的说教，“真理”没有任何独立的形而上学地位，却被赋予了一项不可能完成的任务，即弥合事物主导的世界与观念主导的心灵之间的鸿沟。它被视为不过是无法联系在一起的事物之间的联
118 系，更糟糕的是，它的起源和环境仅限于体现在句子中的神秘命题。因此，要想对真理进行有意义的存在论阐释，世界这一概念必须被重新思考。

但是，除了作为我们感觉缘起的外部来源，我们应该如何言说“世界”？假如“世界”不是形而上学的最终所指对象，

① 知识与意见或者说信念是从古希腊开始，西方哲学中一个基本的区别，准此，只有可证明的真信念才是知识，信念总是被信以为真的，当说只是信念时意味着没法辨别或者不如说没法谈真假。

我们该怎么思考它？以上已经指出，心灵必须始终被理解为已经在世界中。这就意味着，“世界”至少应被理解为心灵所在的世界，而不是像我们将要看到的那样，仅仅是与湖泊和松鼠等其他事物并列的另一个实体。心灵同样必须被重新思考为世内成员，而非在世界之外的某一超验视角。如果我们将这两个见解放在一起，我们看到，在世界中是心灵必要的存在论条件，而包含或包括心灵则是世界必要的存在论条件。但这些发现要求“心灵”或“世界”都不能被思考为实体。因为无论如何一实体必须在世界中，而世界不可能在它自己之中；而且，假如心灵对世界来说是其必要条件，它不可能是其中的一个实体，并且肯定不是外在于世界的实体。在世界中在是一种是或存在（being or existence）的方式，是或存在即在世存在。这一观点的重要意义在于，关于实体的语言在此被代之以关于存在的形态或样式的语言。

存在必定已然是在世界中，因而世界是必须被假定的我们存在的样式。在世界中在因此是一种先验样式，而所有关于“心灵”实体及另一实体“世界”的指涉都消失不见。真理是我们发现自己在世界中在的一种方式。从而任务不是将两个分裂的实体依纯粹的联系链条连接起来的不可能之事，而只是以这样的方式理解“世界”，从而令真理是重要的。必须有某些关于在世之在的东西，由此可以对真和真理二者加以说明。当我们基于真来言说世界时，我们将世界想成是令真成为可能的东西，而在基于真理来言说世界时，我们把世界思考为这样一个所在，在此真理是重要的。令真命题可能的是被视为实际（actuality）

的世界；让真理要紧的则是作为实在（reality）[①] 的世界。实在是真理的根基，实际则是真的基础。世界——要么实际，要么实在——是真与真理的基础，这既是一个古老的信条，也是一个直观的、常识性的信念；例如，它在柏拉图的《理想国》中得到辩护。

119 问题现在可以更准确地被提出：要让置身于真理中更富于意义，我们对“世界”的意思是什么必须做怎样的思考？如果真理要是重要的，世界必须是怎么样的？伴随着启蒙思想家们可怕的歪曲现在已经被发现并有望被揭示为错误，因此我们有可能恰当地提出这个问题。

在真理中在的四重特征在前面的章节中被揭示为确信、接受、承认以及输诚。现在，我们可以用这四种存在于真理之中的方式来引导我们探究，如果真理是重要的，那么世界应该是什么样的。虽然毫不奇怪，“存在于真理之中”与“令真理重要者”之间可能存在同构关系，但这一步骤并不反映对任何单纯的对称性或形式的顺从。接下来要说明的是，如果真理是重要的，那么“存在于世界之中”就必定意味着什么。或者从哲学的角度准确地说：如果真理是可能的和重要的，我们必须如何思考这个世界。

1. 首先，世界必须被考虑为有一个历史。这比世界在时间中，或者甚至其有一个过去意味着更多的东西。因为，历史是一个故事，而作为故事，其意义是在叙述的形式中敞开的。当然了，

① 对汉语世界具备相应知识背景的读者来说，“实际”与“真际”也许是区分二者更有力的语词。

世界之有历史（或者“是历史性的”，如果更倾向于“存在”的动词形式）看上去似乎显白甚至琐屑。但是，世界的故事并不是普通的故事；相反，它是终极故事——其所敞开的根本性的叙述意义，令所有其他故事成为可能。说世界是历史性的，就是说在世之在是通过作为故事的终极敞开而变得可理解的。因此，存在于世界中就是参与叙事意义的敞开或揭示。不是不同的事件构成了历史，而是历史创造了事件。因为事件之所以是事件，只是因为它发生在一个故事的敞开过程中。但因为这是一个终极故事（也就是说，它不是通过其他东西来理解的），这就是我们所说的“世界”。

2. 在更直观的层面上，“世界”还意谓着我们的归属之所。世界是我们的家。它不是先是一个地方，尔后变成熟悉的，而是首先是我们的家，只有在这一领悟之后，它才具有地方的特征。因为它是终极的，世界不是一个地方（因为不论是什么地方终归是在世界中的），而是地方存在的必要条件或可能性。世界令地方成为可能；但它首先是归属的来源。现在，我们说属 120
于某个地方，但世界，不是一个地方而是所有地方的可能性，因而是我们的归属（或不归属）本身的起源。因此，世界同时即是我们的又不是我们的；我们由它被疏远，因为它我们兹有乡愁。奇特的是，思想似乎在许多方面是我们与世界疏远的肇事者，因为，我们越少反思，对我们在世界中的归属就越熟悉。另一方面，不思即不识疏离与归属的特定可能性。但是，不论我们有思还是无思，世界对于我们来说是家园，由之我们被疏远，在其中我们感到熟悉。

3. 世界令真理重要的第三层存在意义，是它在为我们的存在提供某种成功或失败意义方面的角色。世界是终极法庭，在其中故事提供证明，存在的价值在此被斟酌权衡。依失败或成功考虑我们的存在的能力——不论此一判断多么模糊和不精确——要求这世界。因为，除非世界能为评估存在的价值提供依据，否则其存在毫无意义。诸如“有意义”和“成功或失败”不是某些无世界的主体的评价（从而不是“主观的”），而是关于作为世界的世界的评价。换言之，重要的东西在这个世界上，是因为世界而重要。“要紧”就是在真理的世界中。当我们在口语里说“但这真的要紧吗？”其所诉诸的是实在，即建基于真理的世界。因此我们属于一个世界——或者疏离于一个世界——这个世界既作为法庭，也是审判的基本依据和家园。事实上，关于世界作为法庭的终极判断很可能就是关于我们的归属或疏离的。

4. 世界作为真理之基的最终意义在于它召唤。世界是终极的、根本的诱惑，是引领我们的永恒的女性（Ewige Weibliche），就像美丽的爱人引诱着情人，奶油诱惑着猫，磁铁吸引着铁。但是，世界在召唤我们的时候，并不承诺超越其本身，仿佛还有其他的理由或回报促使我们去寻找和服务。相反，“世界”指的是本身活跃、充满活力、充满生机和变化，它因自身的恩惠而吸引着我们。世界是一个悲剧性的狂欢节，它的光芒、声音、气味和喧闹首先以无邪之乐，继而以阴沉的宿命吸引任性的人，但始终是一种召唤，呼唤加入或归属，一种为负担沉重、
121 疲惫不堪的人们提供休憩场所的诱惑。换句话说，世界之所以令人向往，只是因为它的真实；它之所以诱人，是因为假的无聊与空虚。置身于真理中，就是顺从现实的诱惑。说我们被引导，

就是承认世界是最终的召唤。

“世界”的这四种意义对应于在真理中的四种方式：（1）我接受命定的故事不可避免的展开；（2）我确信世界是我喜爱的家园；（3）在作为法庭的世界中我承认自己的罪责；以及（4）我输诚于世界的妩媚与诱惑，正如爱人输诚于美。但是，对这种对称不应该过度强调。其魅力是表明探究的连贯有序。但是，仅仅从前面的列表中，我们还无法全面了解世界的这四个方面的全部力量。后续章节将更全面地阐述这些主题。不过，对称确乎有其重要性，在对这些主题进行更丰富的存在论分析之前，再一次思考对真理的探究是如何结出如此硕果的，或许会有所裨益。

让我们假定门开着，而我，背朝它坐着，感觉到一股穿堂风，于是问：“门开着吗？”我的同伴坐在我对面，可以看到门，于是回答：“对，门开着。”我们说，让这个句子为真的是它揭示了世界实际存在的方式；接受其为真，我认可并服从于让事情作为其所是的理由与证据；并且作为真的，回答已经给了我那些我想要知道的事，我可以肯定它。因此，对我的问题的真回应该（a）被确信、接受、承认与服膺，并且（b）是关于世界的——也就是说，它表达了实际情况。我们现在考虑另一种问题，这里问的不是某事是否是，或者是什么样的事，而是这在某种方式或处境中是什么意思。我们问道：作为母亲意味着什么？知道母亲之为“女性家长”的身份是真的，我们也知道这个问题要求的是另外一种回应。我们区别“真”与“真理”，承认这些是并列的术语——也就是说，它们本质上是相同的，但具有重要的哲学区别。因为它们是并列的概念，对这两个词的分析上的对称性没什么好奇怪的。

当我们转向关于母亲的意义或本质问题的真理，我们发现，正如关于开着的门的真实回应一样，这里有确信、接受、承认
122 与服膺。我们同时也意识到，我们所接受、确信、承认与服膺的是敞开的世界。为了让这些不同的词既平行又分开，我们区别实际的门实际地开着，以及真正的母亲被揭示为超出审慎的真实的宽恕。要能够正视真理（这与“认识什么是真的”是平行的），你必须要能够确信（欣悦），接受（命运），承认（罪责），以及输诚于（美）。正如实际上开着的门让“门是打开的”句子为真，所以母亲实在的意思因为实在而直面真理。开着的门令真句子成为可能，直面母亲的本质意义令真理重要。为了让真理重要，它必须（a）展开，如同故事；（b）作为我们在其中熟悉或由之我们被疏离的家园；（c）评判，如同判断存在价值的法庭；以及（d）召唤，如同诱惑。在这四种方式中，真理成为作为实在（而非“在实在中”）的被奠基，因而是在这个世界中，也是关于这个世界的。

十　真理之为故事

世界之所以对我们来说是可及的，完全是因为我们已经置 123
身其中，因此，世界只不过是作为在世存在的多种方式被做成为和揭示为可及的。这并不会让我们陷入唯我论或主观主义，因为我们并没有推论说他人——无论是人、事件还是我以外的实体——以任何方式依赖于我的存在或我在这个世界中的存在。假如我试图理解和认识的世界和我在其中存在的世界不是同一个世界，得到的就会是怀疑主义和虚无主义。问题的关键在于，认识和理解等现象乃是人的在世方式，但并不一定是唯一的方式。

存在于这个世界上的最基本方式之一，就是在时间的伟大展开过程中发展、成长、学习和变化。存在于世界中就是存在于时间中；此外，把我们自己理解为在世界中的在，以及理解世界本身，就是将我们是谁，我们是什么，以及我们所处的世界等在时间中的展开正视为故事。因为故事是指叙事意义的敞开，基于此，过去依现在和被投射的未来获得其意义。如果说真理是历史的（这并不是说真理是相对于不同时代而言的，也不是说要信奉任何其他形式的历史主义），那么，有三个不同的关注领域显示出对当前探究的重要性。

既然故事是在讲述中展开或揭示的，我们首先就必须追问展开的意义，以及其次语言之为讲述的意义。由于故事要求过去、现在和未来（或如亚里士多德所说：开始、中间和结束）的时间性划分，因此也必须考虑存在的时间结构，即存在的*历史性*
124 结构。因此，作为展开的真理、作为语言的真理和作为时间的真理成为本章的主题。

真理之为展开

安徒生写了一些自伊索以来最有力、最直接的故事，虽然（或许是因为）这些故事是写给孩子们的，它们揭示了叙事结构在阐明事物含义方面不可抗拒的力量。在《豌豆公主》这个西方文明中几乎家喻户晓的故事里，可以毫不费力地发现这种具有启发性的结构。注意故事的开始方式："从前有一个王子想要娶一位公主；但她必须是位*真正的*公主。"最伟大的小说家可能都会嫉妒安徒生用一个句子创造出这样一个开头的能力。因为，通过极为简单和孩子似的文字，他就打开了闸门。正是通过句子被写出的方式，我们知道了不是任何人都能成为公主；还有表象与实在之间的问题；公主的本质并不适合粗枝大叶的人，甚至可能不适合没有女王气质的人。我们都知道故事是怎样展开的：王子的母亲皇后遇到了一个浑身被雨淋湿的贫穷孩子，看上去像是无家可归，她面黄肌瘦，营养不良。王后把一点蔬菜，就是一粒豌豆放在一叠二十个羽绒床垫下。那孩子，虽然疲倦不堪，却没法好好睡着，因为她能感觉到一摞床垫下有一点隆起。因为她的敏感，这个孩子被认出是一位*真*公主。这就是我们对公主是怎么想的：不是因为她们拥有权力或者是国王的女儿，而只是在于，由于她们的敏感，她们是特别的。在这个一页长的故事后头，安徒生的结尾是："你瞧，这是个*真*的故事。"它是真的不是因为它实际上发生了，正如每个孩子都本能地知道的那样，而是因为它真实地揭示了公主的存在意味着什么。这个故事展开或者说揭示了公主的本质是什么，并且是通过叙述形式做到的。那孩子被表明是个真公主，值得嫁给王子，不是因为她能确证其父母的王室身份，而是因为她是谁。故事暗示，没有直接说，即便她出身寒微，却仍然是个真正的公主，这与作为孩子的亚瑟注定为王，因为他能将王者之剑从石头中拔出是同样的方式。没有人认为亚瑟是凭膂力拔出的剑：他不 125
是因为拔出了剑而成为国王的；相反，他能拔出剑是因为他是王。

将公主*定义*为是一个如此敏感之人，以至于能于一摞床垫之上觉知一豆之微并没有*揭示*出什么东西，虽然这样的界定也许为*真*。这样的界定即便在一个孩子听来都很傻。故事必须被讲述。这是它揭示真理的力量所在——也就是说，如何去思考公主。（事实上，在一个没有公主的健全的共和民主制度下，这个故事依然充满魅力和启示。政治根本无关紧要。尽管有反传统主义者、女权主义者、马克思主义者和极简主义者，但只要这个故事还在流传，希望永远如此，就会有这样的真理：在雨水淋湿的、可怜的顽童身上也能找到王子的影子；正因为独立于现实政治秩序，正如作者所坚持的那样，这个故事始终是一个真实的故事。）因此，故事的讲述展开或揭示公主的意思。

当哲学家指出，知识需要的不仅仅是对事实的相信或断言时，我们并不感到惊讶，因为一个人可能偶然撞上事实，或出于错误的原因相信事实。因此，我们非常恰当地坚持认为，知识必须有理由或证据的支持。同样，真理也不能仅仅是对事实的描述；它必须被理解为比世界是什么样的更多的东西，而这种额外的要求就是对世界是什么样的显现或展开。这种展开和揭示是真理的本质，这就是为什么仅仅从公主的敏感性或母亲是女性家长的角度来描述公主或母亲并不是真理，尽管这两种描述可能都是真实的。

真理不是“展开或揭示的东西”，而就是实际展开本身。这种展开不必局限于实际的故事，无论是虚构的还是历史的。哲学探索的展开和其他努力一样揭示真理。我们也不应假定任何故事或任何探究都会揭示真理，因为很明显，一些看似展开和揭示的故事反而会掩盖和扭曲。但故事所揭露或遮蔽的内容不是真理，因为那将把揭露与真理分开。一个假的故事不是那种发布了错误信息或呈示关于本质的错误理解的故事；相反，一个假的故事是什么也没有揭示的故事。令故事为假的是其失于
126 解蔽或揭露，而是遮蔽或掩盖。的确有可能讲一个只由真句子构成的假故事，因为很明显，你可以在指涉实际情况是怎样的同时在遮蔽。

“展开”这一基本隐喻很重要，因为它消除了将真理仅仅理解为认知主体与被认识对象之间固定关系的可能性。展开是动态的，并且这一运动不单是探索者、寻求者或故事讲述者的功能。世界本身，无论作为实在（真理）或实际（真），生动地参与到

这一真理现象。探寻者同样参与，不是作为被动的接受者，也不是所发生之事唯一的行为者，而是在真理的动态展开中与实在平等的参与方。但是，这一图像不应被看作支持任何种类的表象主义，在其中一个事物或事件的实在区别于作为表象的表现。实在是在开敞的真理中所展开者；这恰恰意味着“被隐藏的”实在与“非隐藏的”表象之间并无二致。真实即展开，而展开本身就是真理。

这些改进的重要性怎么强调都不过分。表象理论从根本上说是站不住脚的，因为它是建立在一个不可想象的影像上的。从假设的认知者那后退一步，观察看的现象，并声称认知者所得到的只是真实事物的影像或图像。但这是把正在证明的当成前提。“桌子”这个词并不指称潜藏在我所使用和看到的桌子背后的抽象形上实体；桌子也不“只是”我所看到的使用的东西，因为其自足性已经被嵌入我使用它的方式中。我不能“想象”某人看着一个真实的东西但看到的只是其表象，因为，这样一种意象本身已经包含着真实的桌子跟被表象的桌子的不同，对任何看到一个现象的人来说事情都不会是这样的。我被要求想象我已界定为不可想象者——也就是说，一个未被表象的桌子。因此，我们不能把现实理解为某种模糊的、在所揭示的事物背后和之外的事物本身；相反，现实就是所揭示的事物，真理就是揭示。当我们意识到真理恰当地说是关于意义或本质的，而不是关于孤立的认识实例时，这一点就变得更加清晰了。

不过，这一点值得做进一步的探讨。我们都熟悉这样一些人，他们即使不主张相对真理，至少也主张视角性的真理，他 127
们求助于一个关于五个盲人的迷人故事：五个盲人第一次走近

一头大象。第一个盲人摸到了大象的躯干，判断它像一条大蛇；第二个盲人摸到了大象的脚，判断它像一棵树；第三个盲人摸到了大象的象牙，判断它像一根树枝；第四个盲人摸到了大象巨大的侧面，判断它像一堵墙；第五个盲人摸到了大象的尾巴，判断它像一条虫。讲这个故事的人通常将这个吸引人的传说视为是说服人认识到真理总是并且只不过是视角性的。不幸的是，这个故事只对那些已经知道大象是什么的人来说才是说得通的，而且，仅仅因为具有这样的知识，我们才能判断盲人们的解释是可笑地受限的。这个故事成功地警告我们不要匆忙对事物下判断，或者不要只从单一视角做出判断；它并没成功表明我们仅仅是视角性的，因为在每个关于 X 是一个角度的说法背后你总是会有一个进一步的问题：关于什么的视角？显然，假如我们受限于视角，那所有五个盲人都会是同样正确的，这就完全削弱了故事的意义。

这些思考表明，表象主义和视角主义是站不住脚的；但它们的主要目的只是为了表明，真理是实在展开的发生——也就是说，真理是作为一种基本的在世方式发生的。严格地说，我们不是在看真理，而是在观察真理——或许更好的说法是：我们在展开的过程中获悉真理。在这里，动词“展开”既可以被理解为视觉上的，就像我们看着花蕾展开成一朵花，也可以被理解为口头上的，就像我们听到一个故事在讲述中展开。但问题的关键在于，真理是作为一种事件发生的，它披露在世之在的发生。还不能说这是从黑暗走向光明，因为一朵花蕾或一个未知的故事的第一行并没有什么真正的黑暗。毋宁说，这是从无趣到有趣，从未为人知到引人注目的蜕变。当玫瑰明丽的红仍然覆盖在绿色的花萼之下，它并不夺目；但在生长中它在覆盖或庇护中绽出第一丝裂缝，令人回味甚至诱人的红从不断扩大的缝隙中一经展现，玫瑰的绽放就成了值得我们瞩目的事件。在花蕾绽放之前，我们或许已经看到了花萼的生长，但除了功利性的目的之外，我们的看并不重要。现在，伴随着蓓蕾的出现，我们不是单纯的看，我们还照见[①]，展开之美丽让我们的目睹意义具足。在故事的开头，我们的预期毫无特定方向。我们聆听仅仅因为我们记得之前欣赏故事的欢愉，而不是因为这个故事 128
的任何价值。但随着故事的展开，正是这个故事赋予我们的聆听以意义。

如果“探索者”或“哲学家”在希腊语中的意思可以由玫瑰绽放的“目睹者”与展开故事的“聆听者”所替代，那么，其与真理的隐喻相似性就显而易见了。正如故事只能为听众所听，花开只能为看客所见，真理因而只青睐探索者（哲学家），虽然这些词都必须在其最广泛的可能意义上来把握。实在因而并不被指称，它也不只是被认识；更不是躲藏在一些不恰当的表象的背后。实在毋宁说是作为在世存在而被揭示或打开的。

如果我们仔细定义我们的术语，那么，我们有如下说明。当世界被动态地设想为实在时，它的展开就是真理；当世界被静态地设想为真实时，它就是现实。展开是作为一种存在于世界中的模式或方式而发生的，在这种模式或方式中或通过这种模式或方式，本质被揭示为紧要的，并且只对广义上的哲学探

① “看”是感官知觉性的，而“照见”包含观照甚至见地的意思，是“悠然见南山”之见。

究者才是可及的（availiable），广义上的哲学探究者指的是任何追问本质的意义的人，仅仅因为这种本质在其展开过程中揭示了在世界中存在的意义。因此，“展开”是关键。展开且只有展开才能使现实、实在、物质、世界、认识这些相关术语成为可能。在接受、确信、承认和输诚的过程中直面真理之所以可能，只是因为真理敞开。

但至此为止，这一分析最重要的成果是确立了真理的自足性（autonomy）。真理不再只是知识的跟班，也不只是句子的谓词。它不只是世界或实在的不同名称，也不等同于事实。真理之所以重要，就在于它没有被淹没在我们对其他观念的理解之中。因为真理是实在的展开，它并不局限于表象，也不仅仅是实在的一组引号。在对我们是谁以及我们所栖居的世界的理解的和实际的直面中，它有自己独特而重要的作用。“真理是如何展开的？”这个问题带我们进入下一个主题。

真理与语言

129 真理展开有多种方式，但有一种基本实际上是范式性的方式，这种方式就是语言。

> 一个句子说出就让一个世界出现
> 那里一切发生如其所言。
> 我们质疑言说者，而非听到的语词
> 语词中全无不真的字。

出自奥登（W. H. Auden）《语词》（*Words*）的这段诗句对

我们是如何理解语言的多有揭示。在所引证的这节诗中存在某些深刻的悖论，它值得我们仔细反思与分析，而引用一段诗开启关于语言的简短思考，这本身要求做出解释。为什么从诗开始？如果亚里士多德说的是对的话，我们应该是从简单和直觉上清楚的地方入手解释复杂的东西，我们的这一做法不是搞反了吗？诗也许算语言，但它是高度复杂与风格化的，承载了许多世纪的文化与陶冶。难道从语言最基本的层次——一串基于习惯已然被认为是指称或与实体相同一的语音——入手不是更简单、更明智？一个原始的盎格鲁–撒克逊人也许在指着棵橡树的时候嘟囔出“树”这个音，从这个粗鲁的开始诞生了英语的荣光，语言的功能似乎是作为指涉性的交流。

但是，正如我们马上会看到的，语言不能被理解为交流，至少本质上不是。这一探究所指向的是语言的本质，而不是其用途之一。基于我相信会变得明显的理由，亚里士多德从简单开始的办法在此是不适用的。通过对语言运用大师的反思开始对语言本质的探求并不是完全不合适的，尤其当这首诗不但自身是伟大的语言并且言及语言。

第一行的诗句展示了惊人的洞见。但我们必须注意的是，奥登告诉我们的是，一个句子说出就让一个世界（而不是世界本身）呈现，还有，诗人并没有说一个句子创造一个世界。通过使用不定冠词，诗人揭示了语言在相关性和可理解性领域的意义上造就了一个世界的呈现。离开语言，“世界”一词对我们 130
就没有任何意义。这意味着什么？奥登没有说“说出的一个句子”会令个别物体或实体出现，因为这样的话会赋予语言形上的创造力，这是荒谬的。显然，我们对语言的使用并不意味着基于魔法让像树木和湖泊这样的事物噗地一声进入存在。不是因为有了语言，树木和湖泊才会出现，出现的是这些实体所属并相互关联的世界。这既令人费解，又意味深长。世界在正常意义上恰恰是不向我们显现的东西。事物或物体在世界中与我们照面，但世界本身却永远不可能被完整地看到，因此很难说它出现了。然而，在语言中，分立和不相关联的实体被赋予了一个位置，“一个在地居所和一个名字”；因为我们对它们的谈论，它们被视为一个连贯整体的部分，而这个整体本身并不是一个可感知的对象，而是一个可思的领域。因此，语言既没有创造对象，也没有创造世界，但它却第一次揭示了一个作为可理解概念的世界。如果没有语言，就不可能有被揭示的和对于我们来说可亲近的世界,因为,不论“世界”抑或“某一个世界”都不可能被任何能力所感知。“世界”只可能是被假设或被构想的，但这些精神行为本身需要某种语言感。这行诗进而意味着，我们的言说方式，甚至我们所说的特定语言如英语或德语影响我们思考我们周遭环境的方式。德语中以粗重喉音发出的严厉、掷地有声的命令呈现出一个充满权威和权力的军事化世界；法语中一声轻柔、诱人的耳语呈现一个欢悦颓废的感官世界。因此，语言使用中所呈现的不是对象的存在，而是使这些对象具有意义的东西：一个世界。

诗人小心翼翼地向我们保证，句子让一个世界显现出来。这里再次强调的是意义，而不是赤裸裸的存在。“呈现”不是指“诞生”,而是指变得可见或可感。这里的意思是,世界已经存在，等待着被揭开，就像隐藏的意图在情节的展开中显现出来一样。问题的关键不在于语言处理的仅仅是与实在相对的表象，而在于语言令已经存在的实在对我们呈现，而在语言之前，这种实在仍然是不可及的。“可及者”就是表象，是只有语言才能提供的。

这首诗谨慎地避免给语言使用者任何保证。毕竟诗中存在着质疑。但是，我们从诗中知道，被质疑的是言说者，而不是语词。语词显然会被滥用；事实上，语言本身就可能具有欺骗的力量。但问题不在于语言本身，而在使用语言的人的无知或狡诈。如果语言是谎言的根源，那么它也必定是纠正谎言的根源,因而语词仍然是我们摆脱无知的唯一希望。因此,诗人认为,语词中完全没有不真的字。 131

这一节结尾的个“真”字相当重要。语言的意义并不在于其多种可能的用途，如交流、警告、命令、告知、欺骗、发誓、撒谎和许诺，因为我们可以想象其中许多活动可以是非语言的。语言的要义毋宁是真理。显然，“语言中全无不真的字”并不意味着无论说什么都是真的，而是说语词本身（即语言）是我们获得真理的最佳资源，并且或许是唯一的资源。这句话告诉我们的关于真理的道理和关于语言的道理几乎一样多，其中的推理值得分析。

教授们告诉我们，语言是一种交流方式，而我们从这些学究那还得知，作为一种交流手段，语言充其量只能算是三流的。显然，统计调查清楚表明，非语言交流远比语言成功。学生只能记住书本上读到的或讲座上听到的百分之十，电视内容的百分之三十，亲眼所见的百分之五十，通过参与学到的内容达百分之八十。由此看来，交流根本不需要语言。原始人可以用咕哝和指指点点的方式来表达他们的愿望和需求，而不需要语言；

现代人通过肢体语言（这是一个引人入胜的比喻！）和手势来进行交流，显然比通过清楚表达的句子更为成功。我们都很熟悉中国智慧中的那句隽言：一画胜千言。[①]

这些测试所包含的智慧常常被忽视。毫无疑问，我用棍子敲你的头，比仅仅说出来更能表达我的愤怒；更毋庸置疑的是，一张狮子吞食斑马的照片所描绘的血腥场面，比一个优秀作家用三四千字所能表达的还要多。但这些例子只是告诉我们，语言并不能很好地传达某些特定的事情。也许，将语言描述为单
132 纯的交流是错误的。康德有一个关于理性与幸福的巧妙论证，为我们提供了一个富有启发性的类比。他非常准确地指出，理性在使我们幸福方面是一种糟糕的能力。到目前为止，最幸福的人是那些根本不讲道理的人；如果一个人想要幸福，最大的天赋就是本能，因为它们的目的就是让我们幸福。理智似乎特别适合实现相反的目的，因为我思考得越多，想得越多，我就越远离我的本能，相应地，我也就越远离快乐。康德的结论是如此明显，几乎让我们会心一笑：理性不是为了让我们幸福；相反，其目的是让我们值得是幸福的。

对语言也可以采取类似的进路。语言可能是三流的交流工具，但在揭示真理方面却是一流的。作为一种交流工具，图片的确胜过千言万语，但作为真理的揭示者，一千幅图片也抵不上一个英文单词。

---

① One picture is worth a thousand words. 实出自弗雷德 · R. 巴纳德，他是一位英国插画家、漫画家和风俗画家。这句话可能与中国成语“百闻不如一见”有关。

然而，如果我们依源起于一串指代主义的咕哝声来描述语言这一存在现象，就永远无法理解语言是真理的展开。正如饮馔不能用吃来解释，爱不能只用性来解释一样，原始的起源也不足以解释，正因为作为原始的，这样的起源是有目的的。这就是格劳孔在《理想国》中提出的抗议：你不能仅仅参照为满足公民的基本愿望和需求的互助获得对国家的真正理解。因此，正如柏拉图需要参照理想的国家来理解普通的国家一样，我们试图理解语言时，也不能诉诸其普通的、可能是交流性的用途，而必须诉诸其在诗歌或其他崇高场合的非凡成就，如演说、哲学论辩和礼拜祈祷。

正如此前所指出的那样，人不是首先有栖居的想法，然后找一个建筑师去帮忙实现这个愿望；而是这样的栖居只有通过建筑才第一次成为可能。因此，正如建筑师通过他的技艺，从各种建筑元素中让一个单纯提供庇护的场所（这是目的性的）变成栖居处（这是存在性的），并且由此展现或揭示栖居究竟意味着什么，因此，诗歌通过超越语言单纯的交流作用，存在性地揭示出有真理究竟是什么意思。栖居，如同其在建筑中被揭示的那样，就其对有一个家或我们的归属之地意义的展开而言，是我们是谁的一个维度；同样，诗揭示语言之为真理的敞开。

我们可以回到原始人用声音来命名事物和表达基本需求的 133
图景。如果这些前语言的咕哝声就足够了，那么他为什么还要说话呢？他不需要说话来认识它蜷缩其中以寻求保护的洞穴，也不是通过说话用浆果来果腹和游戏；他不是用说话来满足它窥视雌性时困扰它的肉欲本能，也不需要说话来解释或证明他的行为，因为他只是做他该做的事。那他为什么要说话呢？也许是为了崇拜。或是为了感谢。或是表示困惑。如果他要说明自己是谁，如果他要讲述自己是如何诞生的早期故事，他就必须说话，而不仅仅是接发信号；如果他有所谓（to matter），他就必须说话。但这是语言，而不是通讯，因此它采取了故事、诗歌和祈祷文的形式，正如他的邻居——建筑师——通过在他的建筑中揭示栖居来改变一切一样，说话者也通过在他的语言中揭示真理来改变一切。因此，语言让真理展现出来。不是“这个”句子或“那个”句子让世界显现，从而让真理展开，而只是一般的说话。语言作为一种存在的可能性，比语言的具体使用更为重要。我们也不应只关注我们碰巧知道是真实的句子——这将是一个可怕的循环论证的例子——或只关注对本质的恰当和正确的分析；因为诗人并没有说“说出的一个真句子让一个世界出现”，因为世界既允许诚实，也允许欺骗。语言有它的谎言、聪明、魅力、欺骗、威严和亵渎；语言有它的力量，能把心灵和思想提升到眩目的高度，也能让它在下三滥的地下室中呜咽；语言祈祷和诅咒，残忍又温柔；语言赦免，宣告死刑的厄运，或对爱情说不；语言挖苦和反讽，粗俗和戏谑；语言壮丽的含混和辛辣的亵渎——只有在其最充分的范围内，语言才能使一个世界显现出来，因为世界广大至极，是圣人和罪人的居所，如果要通过一个句子使它显现出来，这个句子就必须植根于语言的狡猾所允许的最广泛的觉知中。因为即使在最阴暗的语调中——诅咒、撒谎、渎圣、侮辱、赌咒、双关语、发假誓、诽谤和玷污——一句话仍然会使一个世界显现出来，而只有当一个世界显现出来时，才会有真理。这里并没有违反禁止矛盾的规定，就好像我们会说所有的谎言都是真的谎言一样。我们

在说谎话时毋宁展示语言，而在语言的展示中世界出现了，只 134
有世界出现了才可能有真理。当然，正是真理让我们看出谎言，但正是谎言作为令世界显现的语言，让真理得以展现。正是在语言这个让世界显现的源泉中，谎言与真理的区别才首次被给出。

崇拜语言的人不仅尊崇语言的成功，如真实的句子或高贵的承诺，更多的也许是诱人的艺术、谎言、诅咒和毁约，因为在这里，语言的力量得到了自主的展现，而不仅仅是传递知识的邮差。

幸运的是，在这一简短的分析中，对这一丰富的概念进行充分说明既无必要，也不可能，因为这里主要关注的不是语言本身，甚至也不是语言如何使一个世界显现出来，从而为真理的展开提供条件。对于目前的研究来说，只要提出这是事实，并勾勒出足以说明其含义的轮廓就足够了。希望这些简短的论述已经表明，语言不仅仅是一艘货轮，承担从一个港口到另一个港口的贸易活动，而是让冲刷着所有海岸的整个汹涌澎湃的大海显现出来。正如海德格尔所言，语言是“存在的家”；这意味着，语言不像可搬进搬出的家具，它围拢和给出一个令存在有意义的处所。如果真理如故事般展开，诸如海德格尔的隐喻或奥登的诗句就必须被假定。

我们用语言讲述故事，但不是把语言当作工具，就像我们用电话交流一样。相反，语言使一个世界显现出来，从而揭示真理的故事性揭示力量。关于真理的故事性（即历史性）本质，还有最后一个问题需要考虑。

真理与时间

如果真理是通过语言敞开的，如果世界，无论是被视为实在还是实际，都是在故事的讲述中呈现的，那么时间本身的绽开性性质就必须被假定。“在时间中”的说法有些误导性，好像
135 时间是一个容器，甚至比世界本身还要伟大——因为我们说世界“在时间中”——又好像时间中的任何东西，无论是世界、生命、真理还是语言，都可以以某种方式存在于“时间之外”。这一短语带给我们心里的是这样的想象，时间好像是一辆行进着的机车，我们可以跳上它并且乘坐一会，我们也可以——或至少像是能够——跳下它。当然，这样的形象是扭曲和误导性的。无论时间是什么，它都不是一个可以作为非必要谓词被归派给各种概念的任意特征。另一方面，时间的不可避免性常常被用来作为反对任何绝对或普遍性的论据：因为实在是时间性的，所以真理据信也必定是时间性的，这意味着真理是变化的，是由时代决定的，是相对于不断变化的成长视角而言的。这种论点是无效的，因为它混淆了不同的时间与时间本身，以及真理的展开与固定的时间单位框架之间的差异。事实上，正是因为世界及其在真理中的展开都是时间性的，才存在着绝对或普遍的可能性。把真理说成本质上是时间性的，并不是让它变得相对，而只是让它变得有趣。（也许有人会问：相对于什么？如果有人回答说，相对于具体的时代或时间中的某一时刻，那么深刻的错误就暴露出来了；因为时间并不是从离散的各个时刻中衍生出来的，相反，时刻是对时间现实的抽象。如果有人回答说真理是相对于时间本身的，那么真理就不是普通意义上的

相对，而是绝对的，因为“时间本身”不是“在时间中”的。）

但时间不应像中世纪的上帝概念那样被赋予某种超级形而上学的地位。时间,就像“世界”和“真理”等其他大概念一样，也许并不那么神秘和遥远，而是过于熟悉和无处不在——事实上，“时间的恒定性”听起来既矛盾又不无幽默。好在这一探讨并不要求我们对时间进行完整的形而上学描述；我们只需说明时间如何与真理之为故事或真理之为历史性的理解相对应。

亚里士多德关于戏剧需要有开头、中间和结尾的著名分析指出，这种三段式划分对于理解故事的展开是本质的，因而也是必要的。现实本身也有相应的三段式划分，或者更准确地说，我们在世界上的存在也有相应的三段式划分——过去、现在和未来。正如故事中的事件因故事而有意义，而不是相反，关于我们在这个世界上的过去、现在和未来的概念也使我们的事件 136
有意义，而不是相反。在这两种情况下，故事或历史都更为根本。单个事件本身是没有意义的；只有因为它们属于对这些事件的相互关联性（故事）的更广泛理解，我们才能对它们进行思考——也就是说，它们是有意义的。（因为“有意义”只是指“以某种方式可以被思考”。）

在一个故事中，我们将开头思考为蕴含着即将展开的意义，《豌豆公主》的开头第一行就证明了这一点。中间部分通过将开头与结尾联系起来而造就戏剧性，结尾部分通过结局向我们显示出先前事件的可思议性。但是，如果真理具有故事的形式，那么这种可理解性结构同样适用于各个时间阶段本身。我们所说的“过去”指的是其中蕴含着只有在随后的发展中才会显露出来的意义；我们所说的现在指的是这种意义的展现；而我们所说的未来指的是已经展现或揭示出来的意义。我们的存在是有时间性的，这意味着它是在故事的讲述中展开的，而故事的讲述又使我们的存在变得有意义，这就使其结果是让我们认识到，过去、现在和未来并不是错位的、脱节和孤立的实例，而是真理展开的更大力量的诸要素。

这一分析绝不是要提出一种过程形而上学；它也不否认永恒或无限，甚至不否认必然的存在——事实上根本无意于任何形而上学主张。相反，分析的重点仅仅在于，如果真理是故事性的或者历史性的，也就是说，如果真理是展开，我们必须如何理解时间。关于真理具有故事性形式——即真理像故事一样展开——的观念并非没有先例。事实上，真理的故事性可以从某些经典的重要概念中看到。如果说事件除了发生在一个上下文或故事中之外，就没有任何意义，那么，当事物向着结局的方向发展，就像橡子长成高大的橡树，它们的终点似乎就是它们可理解性的源泉。因此，亚里士多德认为，儿童还在“变成”，而成人已然“存在”，因此，成人是成长或变化中的儿童的目的或可理解性的源泉。如果从当前的事件或对象往后看，就会发现所谓的有效原因；如果向前看，就会发现终极因或目的因。因此，眼下我车子挡风玻璃上结的冰是昨晚零度以下气温所致，
137 相反，我清理结冰的玻璃是为了接下来在清晰视野下良好驾驶。过去导致现在，未来解释我现在所为。这样的解释肯定是正确的，如果没有目的的观念，它通常隐现于未来，我完全不能理解所发生的许多事情。我们要再次诉诸我们早先做出的区分，并且说目的给予我们关于未来为真者。但这并不产生对作为在真理中的时间的理解。

要理解真理作为展开的时间性特征，仅仅诉诸原因（过去）和目的（未来）是不够的。毋宁说，我们必须诉诸另一个希腊概念，我们在希腊人讲述他们的故事的方式中可以发现它：它们开始于中段。《伊利亚特》正好是由特洛伊战争的中段说起；《安提戈涅》从波吕涅刻斯已经死去，克瑞翁的法律已经颁布开始；《俄狄浦斯》从主角已经犯下乱伦与弑父之罪开始。[①] 人们通过让过去变得跟未来一样充满威胁与危险讲述故事。悬念不但在于什么将发生，并且在于什么已经发生。这一通向史诗与悲剧伟大艺术形式的讲述暗示，令未来可以理解的也许不只是或唯一地是目的，而是悲剧性或喜剧性的不可避免性。

关于未来与过去的思考如何可能？不是作为原因，无论是充分的或最终的，而是作为在故事的讲述中被展现的构成因素。换句话说，除非它们彼此相互假定，无论过去还是未来——甚至现在——都是完全没法理解的。许多关于时间令人惊讶的主张出自将时间视为更为基本的单位的构成物的简单错误；但任何关于时间有价值的解释都认识到，过去、现在和未来派生于时间，而非相反。更误导性的是专注于这一三段划分的形上特征，因为当被敉平，三者中没有一个是可以独立存在的。过去显然不存在，因为已然不再，未来不存在，因为尚未存在。这也许看上去将现在分离出来作为独立存在的，但只要稍想片刻就明白，撇开所有的过去和所有的将来，现在像刀锋似的消失于空无，就像芝诺的最小粒子。于是，显然地，存在的不是过

① 顺便指出，但丁《神曲》的第一句话“在我生命的中段……”与此亦同一机杼。

去、现在或未来，而是时间本身。即便如此，很难想象包含在所有三个时态中的时间本身可以被说成*存在着*。毋宁说，正如真理将世界展开为实在（或实际），因此时间展开存在。语言在
138 被道出时,令世界呈现,并且在其呈现中真理展开如同故事展开;因此，时间展开存在的意义：因而，在故事的开始、中段与结局的三段划分与存在展开为过去、现在和未来的三段划分间存在着同构性。

从*中段*开始故事的技巧揭示了现在（中间）是充满意义的（戏剧性的），正是因为过去（开头）揭示了戏剧的前奏，以及迫在眉睫的未来（结尾）揭示了悲剧或喜剧的必然性。然而，在亚里士多德看来，终局并不是目的性的结局，而仅仅是戏剧必然性意义上的结局。因此，就其存在论意义而言，戏剧性的不可避免性虽然绝不是可预测的，因而也不适合作为*知识*，但它却为故事提供了真理，这与时间作为存在的展开为思考者提供历史真理的方式如出一辙。存在于真理之中，就是被时间的展开所揭示。

这一论点值得重申和分析。第一点是相当明显的，即时间比我们将其划分的时刻更基本。一千块砖头可以砌成一堵墙，在这种情况下，墙是由砖头这些基本要素构成的。但这不能类比于时间。早在芝诺时代，人们就发现时间并不是由可分割的时刻构成的。但是，不仅仅是最小的时间分割不能构造时间，过去时、现在时和将来时也不是独立的。时间的可理解性要求我们根据统一这三种时态的原则来构想它们。那么问题来了：如何将三种时间时态视为一个统一体？

在亚里士多德的天才引领下，一些非常聪明的人想到了一

种极具吸引力的可能性——即时态的相互关系是以解释原则为基础的。想象一下，我们站在一座十七世纪的宏伟大厅前，它主要由木头建成，矗立在一片橡树林中。我们拾起一颗橡子，看着眼前这棵巨大的橡树。这棵树曾经只是一颗橡子。回到过去，我们可以把最初的橡子想象成现在这棵树的主要原因。这就通过因果动力因把现在的橡树和以前的橡子联系在了一起。但是，这棵橡树可以被伐木工人砍伐，被木材工人制成木板，被木匠建造成大厅。我们认为现在这棵橡树是有目的的：为我们提供建造大厅的材料。这就通过最终原因或目的因将现在的橡树与未来的建筑联系起来。现在舒展的树枝为我们提供了树的形态，
而从橡子到树再到建筑的木质元素的恒定性为我们提供了材料 139
的概念。因此，亚里士多德的四因说——动力因、形式因、质料因和目的因——不仅可以通过质料的恒定性将橡子与橡树、橡树与建筑联系起来，还可以将过去（橡子）、现在（树）和未来（建筑）联系起来，给出变化（木头）中持存的概念。因此，过去、现在、未来以及时间本身的联系都是通过这些基本的解释原则来说明的，这些原则通常被翻译为“原因”，但在很大程度上失去了希腊语的原意。

毫无疑问，解释事件的这四种方式的确提供了一个相互关联的时态的概念，让我们可以将时间思考为事件的统一。实际上，在这个角度上容易理解亚里士多德为什么给目的因或终极因以特殊的地位——不是因为正是它终结了整个系列，而是因为它提供了从一个阶段到另一个阶段令人信服的联系。因为我能把手上的橡子看成最终提供了房梁，由此礼堂得以建成，所以更大的现实（礼堂）有着比低微的起点（橡子）更有启发性的价值。

但这是联结时间三个时态的唯一方式吗？即便它是一种方式，但它是哲学上最好的方式吗？我们有另外一个模式，故事的戏剧性打开，它不但有开头、中段和结局，同时还有角色、情节和主题。在故事的展开中，过去、现在、未来的相互关联不是偶然的，如同我们从橡子到房子的发展过程中所看到的那样，而是戏剧性地不可避免的。我们把过去理解为就像一个受孕的子宫那样给了我们角色；把现在理解为情节的戏剧性展开的诞生；把未来理解为悲剧性或喜剧性的结局，即死亡或和好如初的年轻恋人在故事主题中新的植入。统一的原则在此即故事自身。

这两种解释都是有价值的；二者都将不同时态统一起来，并因而令时间富于意义。第一个给我们以知识，第二个给我们以真理。但真理比知识崇高，而故事比因果解释更发人深思。在任何事件中，我们存在的时间性特征对应于揭示真理的语言的敞开特征。在这样的方式中，我们关于世界之为历史性的理解在我们被指定的任务——真理之为敞开的本质——上给我们以助力。

十一　世界之为家园与裁断庭

世界之为家园

世界是我们的家园；我们属于它。为了理解真理之为世界的敞开，有必要认识到，世界既不是一个场所（因为场所预设世界）也不是实体（因为任何实体总是在世界之内），而是从根本上令栖居可能的必要条件。说世界是家园也许在某些读者听来像是浪漫的胡说，因为，和场所一样，家园总是在世界上的某个地方，世界恰恰不可能是这样。进而言之，关于世界是我们的家的观念似乎赋予“家园”这样一个纯粹情感性的词汇以完全不恰当的形而上学地位。家，有人也许会反对说，只不过是世界中的一些场所，对此我们附加特定的喜好与情感，而由于世界包含所有这样的场所，指世界为我们的家园是没有意义的。 141

这些反对意见不无道理，但它们都不是致命的。尽管有这些反对意见，我们仍将表明，世界*就是*我们的家园，并且我们*确*实属于这里。然而，分析要求根据真理这一中心主题深入剖析和审视特定概念的含义。如前所述，真理敞开了世界的实在，从而世界本身必须被视为家园，如同被视为故事。因此，我们首先要问：什么是“家”？由于许多观念都是在与其对立面的对比中揭示其含义的，一种可能的探究途径是考虑两种存在模式，它们揭示了没有家的含义：流亡和思乡。

流亡。在莎士比亚的《查理二世》第一场中，国王打断波林布洛克和莫勃雷的决斗：

142 因为我们的国土
不应被它所滋养的人的宝贵的血玷污；
我们的眼睛痛恨
邻人之剑划出的裂痕；
……
所以，我宣布将你们驱逐在国土之外。

（第一场第三幕）

对此莫勃雷的反应是：

那你的刑罚又是什么呢？
无言的死亡？
除了让我的舌头无法呼吸自然气息
……
就这样，我离开了自己祖国的光芒，
栖息于无尽黑夜的冷峻阴影中。

（第一场第三幕）

对莫勃雷来说，被放逐是一种不亚于死亡本身的残酷命运，尤其是因为失去了母语英语，他将再也无法言说。在伊丽莎白时代，流放是一种可怕的惩罚，因为它剥夺了流放者属于他的一切。对于我们观众来说，失去英语是更令人焦虑的，因为当我们目睹这部戏剧时，我们听到的是我们的舌头最灿烂、最精美的形式。也许只有《罗密欧与朱丽叶》才能与理查二世悲剧可爱的诗意相媲美。事实上，在这部爱情悲剧中，罗密欧也被王子放逐，王子的诏书由劳伦斯修士转交给被扣押的蒙太古：

> 修　士：一个更仁慈的判决出自他口，
> 　　　　肉身不死，肉身放逐。
> 罗密欧：哈！流放！仁慈些吧，给我个“死”；
> 　　　　因为流亡在他眼中更加可怕
> 　　　　远胜于死，别宣判流放。
>
> （第三场第三幕）

我们没有必要详细探讨莎士比亚笔下的这两个人物为何对他们被迫流亡如此哀叹。家是一个人不止是学习并且分享语言、习俗、宗教、家庭和保护等巨大乐趣的地方。然而，莎剧的这些片断仅仅给我们一些伊丽莎白时代对流放的看法的提示。即 143
使我们承认这些见解揭示了另一个时代，但这与我们又有什么关系呢？现代喷气式飞机、国际电话和电视，再加上不那么狭隘的只属于一个地方的意识，都在合谋否认莫勃雷和罗密欧所感受到的直接的失落感。今天，几乎没有人认为放逐比死亡更可怕。尽管如此，伊丽莎白时代的这些引文还是让我们了解了失去家园意味着什么，从这个消极的开端，我们或许可以辨识出“在家”的含义，并将这种理解应用于世界。

这种理解的关键在于认识到流放将我们与意义剥离，或者至少使意义更难实现。在流亡中，我们被逐出自己的家园与归属。

仅此一点，我们就明白了将世界描述为家园的含义。被世界放逐与从本乡本土被放逐是类似的。

但是，世界包含所有地方，包括维罗纳和英格兰；事实上，如果流放意味着被赶出家园，那么从世界中被流放就完全说不通了。我们怎样才能被驱逐出世界呢？当然，有些人远离自己熟悉的社会世界，寻求与世隔绝，或者是为了实现隐士与神的私密沟通，或者仅仅是因为他们发现这个世界是如此令人厌恶和堕落,所以他们远离这个世界。雅典的泰门就是这种自我放逐，远离人与社会的“世界”的一个很好的例子。虽然泰门仍在这个世界上，但他通过对世界的蔑视而与之疏离。他不仅仅是从雅典，而且是从所有的人际交往中出离，因此我们可以把泰门看作是世界的流亡者。

但这种憎恨和蔑视是相当罕见的，也许永远都是一种精神痴呆，因此没有哲学探究的价值。然而，一个人不一定是隐居者或隐修士，也可以是世中流亡者。区别在于那些仅仅置身世界的人和那些栖居世界的人。正如我们刚才所看到的，流亡被认为是一种折磨，因为一个人被切断了自己的出身和文化，切断了自己的归属。但是，一个人以这样的方式思考和行动可以使“归属”成为一个完全无关紧要的特征。与反社会的泰门不同，拒绝归属世界的人可以继续与他人进行社会交往，甚至在日常
144 事务中取得成功。但是，他同样处在流亡状态，通过有意识地决定不属于而与所有一切相疏离。这样的流亡存在于对一切归属的存在性否定，由于这种否定经常发生，而且是由理智和连贯的非仇恨者做出的，因此必须仔细研究他们的推理。

为什么有人要故意将自己从世界中放逐呢？答案是自

由——或者更准确地说，是一种虚假的自由，它意味着否认自己属于任何地方。这个论点很有道理：只要我有一个家，或者由于血缘关系或出生的偶然性而属于某个地方，那么在这个意义上，我就是不自由的。这种意义上的自由是一种清醒和刻意的选择，在这种选择中，这个人会考虑归属和自由两种诉求，并选择后者。选择这种"自由"的人认为它对自己的好处足以让他放弃任何义务感、责任、对传统的敬畏或血缘关系。它是一种思维方式和存在方式，与泰门的厌世主义不同，它将彻底自由的个人的无拘无束、无忧无虑的存在置于属于世界的人的存在之上。既然这样的人可以在他人的社会中找到快乐甚至幸福，那么他就不会有厌世的倾向，除非是在拒绝承认任何责任或义务这种罕见而不寻常的意义上。正如有可能存在"没有国家的人"一样，在这种特殊意义上，也可能有"没有世界的人"。

我们之所以能够理解莫勃雷和波林布洛克所经受的那种地域意义上的强迫流放，是因为这种流放必定切断一个人与自己家园的联系。在世界中自我诱因的流亡选择彻底自由从而最终是无家可归的生活。对这种流亡者来说，失去家园或文化的前景并不构成威胁，因为他自由地选择了这种疏离，将自己的自主性视为一种恩惠，它优于任何一种他并非仅仅为了自己的快乐而选择的分享或共存。沙漠中的隐修士试图将自己的存在与他人割裂开来，而流亡于世界之外的人则认为，唯一有意义的存在是在其中他独自选择或挑选他希望与之交往的人的存在。

自由是珍贵的，但意义也是珍贵的。真理只降临于属于这个世界的人，而不是仅仅居住在这个世界上的人。这绝不是暗示外向、唠叨、过分友好的人比孤独、孤立、离群索居的人更有意义。事实上，这里所说的流亡者通常都很善于交际，甚至145 可能是吵闹，乐善好施，跟人称兄道弟，甚至作奸犯科之人。他的与众不同之处在于其独特的思维方式，这种思维方式将他孤立或困在不真实的自由小岛上。通过这种方式，即使我们继续生活在世界之中，也有可能做到在世界上流亡。

但是，强加于罗密欧和莫勃雷的地域意义上的流放被视为是一种惩罚。从世界中自我流放像是被处罚——虽然这完全是他自己的选择——但他未意识到其代价。置身于世却不得于斯安身立命给了他未曾觉察的孤独，令整个世界成为异在。和所有流亡者一样，他被与他自己切断，但他在极端自立的虚假光线中是盲目的。我们没有必要对这个不幸的流亡详加描绘；勾勒这一草图的唯一目的是通过说明不属于世界是如何可能的，以分离出属于世界意味着什么。

乡愁。

> 天使望故乡，如今，融化在悔恨中，
> 哦，你海豚，唤醒无助的青年吧。
>
> 弥尔顿《利西达斯》

放逐或流放是一种主动的疏离，而思乡则是一种被动的忍受，牺牲者受苦，恰恰因为他有一个家，并且思念它。我们很容易想象或回忆起这种感觉。虽然其更剧烈的形式通常发生在那些儿童身上，他们突然发现自己很想回家，但它也会扰乱成年人甚至整个民族的生活。然而，无论其形式如何，它都体现了一种不同寻常的觉知，即我们是有乡之人，“我们是谁”部分取决于“我们属于哪”。这种认识的出现令人惊讶，尤其是在我们现在这种反乡土观念的文化中，在此个性似乎被视为最高的美德。思乡并不总是对一个记忆中的地方的思念；对许多人来说，它是一种模糊、闪烁的希望，是对未来才有的东西的希望，就像希伯来人渴望的“流着奶和蜜的应许之地”。或者，一个人可以思念一个尚未确定的地方，希望未来会给他一个家。

大多数思乡病都伴随着一个不同寻常的，因而也是出乎意料的关于我们自己的发现：在某种程度上，我们的特点来自我们居住的地方。如果说上一章揭示了时间的重要性，那么本章 146
则揭示了地点的重要性。思乡者承受着非同寻常的痛苦，因为这无异于对我们是谁的诉求。我们意识到，我们的愿望和欲望不只可能敦促行动，而且要求承认自己的归属。思乡之可能是一个了不起的启示，因为如果没有回归或最终到达一个属于我们的地方的奇特的渴望，我们就无法理解世界是我们的家这一更普遍的概念。

但是，地域性的乡愁是一种特殊的、非普遍的情感，也许对于拓宽我们的自我意识很重要。那么，怎么可能有对世界的渴望？正如流放者一样，乡愁的受害者难道不只是一种空间或政治的现象吗？看上去一个人不可能思念世界，而只能思念世界中的特定地方。

只有当我们所说的“世界”意味着给予庇护的欢迎和归属的正式条件，才有可能像弥尔顿嘱咐他的天使那样“望故乡”，并在“家乡”中看到世界本身。换句话说，如果世界是一个形而上学的抽象概念乃至一个抽象的实体，那么对世界的思乡之情就是不可能的。毋宁说，世界是意义的子宫，是锚地，它为风浪中的船只提供了一个与平安联系在一起的稳固之地。它是炉前之地，我们在这里得到温暖，它令事物有意义。

流亡者渴望自由，想要逃离这个锚地，享受在波浪间肆意潇洒的舞蹈；而思乡者与流亡者不同，他没有选择这种可疑的自由，可是因为坏的思维，找不到落锚之地。流亡者的错误在于意志，而思乡者的错误在于他的思想，因为他谬赞或者说干脆误解了世界的本质。要想能有关于世界的乡愁，要求我们熟知世界之为安适、温暖、意义以及最终真理的源泉。随着概念和认知对我们思维的束缚越来越强，尤其是在学术工业和娱乐工业中，越来越多的观念变得抽象。当世界本身达到抽象的地位时,我们就失去了与它的任何亲密联系,所有事物都变得陌生。逻辑学家和文学评论家都在谈论可能世界，从而营造出一种完全疏离的氛围，在这种氛围中，亲情（疏离的反义词）变得不可能。

只有当世界是我们的家园，存在才可能是新奇刺激的，也
147 只有在这种与世界的亲缘关系中，真理才能得以展现。因为如果存在可能的世界，或者只有视角或表象，因而没有在任何地方可以依靠的现实，那么不仅真理，而且真正的自由本身都是不可能的。世界是我们的家，我们属于它。但最后这句话是什么意思？

归属。我们属于世界，首先因为，作为历史性的，世界是真理谱系的根基，其次因为，作为家园，世界为我们自身的真理奠基。我们已然在世界中发现了时间和场域二者，因此，我们现在可以审视世界之为家园的根本观念：归属。

“属于”这个动词有一种奇特的命令——几乎是道德——意

义。如果我们说“她属于舞台”，我们似乎暗示，对于她应该在什么地方有某种强力性或正当的东西。当然，这不是一种道德命令，因为我们说“她属于舞台”并不是说如果她不去当演员就是不道德的。即使我们似乎把“这是我的家”等同于“我属于这里”,也并不存在“我应该留在我的家里”的道德观。“属于”可以指占有，比如我们把“这是属于我的”等同于“这是我的：我拥有它”。但是，“属于”似乎也意味着一种自我实现的感觉，因此，属于似乎是一种完成，其缺席会令我们不完整，或者说无安身立命之地。

那么，“属于世界”是什么意思？作为一个哲学概念，它意味着，撇开我之如何在世，任何试图赋予我意义的企图都是误导性的。世界不是“就在那外头”，好像在某种意义上我们可以想象一个不在这个世界中的认知的心灵。进而，它意味着世界不是所有物体的总和，也不是一个大致足以将所有其他东西都囊括其中的实体。因为考虑这一分析：“我没有任何关于世界的经验性知识，所有的只是关于在世界之中实体的知识。”这个句子看上去明显是真的，但其为真的后果则是引人注目的。如果我不能通过经验认识世界，那么，要么世界根本不存在，要么“世界”一词根本没意义（除了句子结尾“根本没意义”这几个字外），或者它指的是某种康德式的范畴，它由心灵提供，给出一种实体间的连续性和统一性。但这三种说法都非常可疑。将世界等同于所有实体的总和，只是将这个观念抽象到最高层次，并且承认这个概念对任何知识主张无所增益。

要让世界有意义，而不只是一个容纳所有实体的纯粹概念化的容器，必须从存在性而非认知性的立场出发。世界不像其 148

被肯认那样被认识；也就是说，它并不像公共汽车在街道的转弯处出现那样进入我的视野，也不像因果关系那样，是我过滤各种经验从而理解它们的一个范畴。相反，世界从一开始作为一种观念出现时，就已经是我们所熟悉的，它确立了为真的可能性，是我们的归属。归属于这个世界就是说：（1）我们并不孤独，也就是说，我们不是孤立的认识主体，而是一个巨大共同体的分享者和同伴；（2）存在的真理或意义是以一种非任意的方式为基础的。

例如，当我们说一个人属于一个社交俱乐部时，我们是什么意思呢？作为俱乐部的成员，我为了某种目的或项目和其他人一起加入它。成员们在一起的意义远远超出了他们作为个体的意义；将他们联系在一起的是他们共同的兴趣爱好和与他人为伴的意愿。他们的目的或者是琐碎的，如桥牌俱乐部；或者是令人讨厌的，如政党；或者是专业的，如学术团体。在所有这些例子中，归属感都是建立在某种共同利益或需求的基础上的。那么，我们如何才能“加入”世界—俱乐部呢？那能够解释我们聚集在这个被称为“世界”的社会中的是什么？回答就是真理。因为只有我们属于世界，真理才有可能是重要的。[①]我们已经看到，“归属”的一种意义就是把某些东西变成我们自己的。（这是我自己的书的意思是：这本书属于我。）世界是我们自己的。在一个巨大而严重的思乡病中，我可能会因为胡思乱想而丧失自我，也可能会为了摆脱归属感的重负而自我流放，

① 意思是，如果每个人的世界是他自己，那就无所谓真理：“你说了算！”纯主观的场域中真（假）没有意义，因为没有客观性（标准）。

但在这两种情况下，我所疏远的世界的含义恰恰是我应该（尽管不是在道德强制的意义上）承认为归属的存在方式。我属于世界，世界也属于我——因为没有“世界”，我属或属我之我①都将不可能。

正如要有兄弟姐妹、舅舅或祖母必须有家庭这回事，世界对于我本身的存在也是必须的——即便是让我能以第一人称发声。正是因为我栖居于世界并视其为我的世界，真理才得以展现。世界是一切意义的锚，除非我是世界的一部分，而不仅仅是一个旁观者，否则意义变得无以锚定从而无意义。

承认世界是我们居住的家园会带来哪些哲学后果？有三个
结果怎么估计都不过分。（1）现在，世界不仅被视为是事实性 149
主张的根据，而且是人类重要价值观和问题的根基。如果世界是我的家园，我就必须关心它，并将它视为重大物品的存贮之地。我再也不能将由无价值事件组成的“外部世界”与关怀的主体注资其中的“内部世界”割裂开来。（2）有了我自己的世界，现在就有可能，这很关键，在世界中确定什么是我自己的，这样，把事物变成我自己的东西就成了真理的一部分。（3）我们有可能置身于世界之中，但却不栖居其内，从而有成功或失败；或者换句话说，正因为世界是历史的，并且是我的家园，它也就成了裁断处（tribunal）。

这三个后果本身都很重要，但更重要的是，它们破坏了将判断分为“主观”和“客观”的虚无主义观点。孤立无援的主

---

① 这里的“两个我”承上句而来，第一个是我是“I belong in the world”的主格的“I”，第二个是“The world belong to me”的宾格的“me”。

体或外在的、截然相反的客体不再有任何合理的依据。世界既是主体，也是客体。这并没有将两者的区别完全隔离开来；它只是否认了客体和主体的形而上学的或终极的地位。但最重要的是，它允许我们将世界看作价值的终极裁断庭。

世界之为裁断庭

存在就是被裁断。当然，严格说来，这个句子应该被读作“实存（exist）作为有意识的存在（being）就是能够被裁断”，但是，由于更准确的描述更不那么优雅，我们可以默认这样的限定同时继续认可这句话的真理性。但如果“存在就是被裁断”，那么你一定会问：基于何种权威？或在哪个裁断庭？对这两个问题的回答都是世界。世界是所有裁断的终极裁断庭。如果有任何低于这一层次的裁断——正如显然是有的，从法庭到愤怒的家长，或者甚至批改试卷的教授——你总是有可能离开这些裁判性的场所，直接走到别处去。但有些判决超越这些局部性的裁判，似乎具有普遍性效力——这就是普遍有效性，世界。因此，我只需迁徙到一个较为宽松的国家，在那里我的行为要么得到允许，要么只受到轻微的谴责，就可以逃避一个严酷国家
150 的法庭，因为那里会因我的行为而监禁我。一个谨慎的杀手可能会选择一个没有死刑的国家，以免被逮捕并受到制裁。但是，“谋杀是不道德的”这一判断与将谋杀定为非法的法规无关。我需要一个国家来宣布一种行为是非法的；我需要一个世界来作为判断一个人不道德的依据。

但这怎么可能呢？成功或失败的判断当然不是建立在世界的基础上，而是在世界中的个体行为者上。事实上，世界的优势之一就是它的非道德中立性。它眷顾正义与非正义，只有有思想的人才会成功或失败。此外，如果世界是一个法庭，那么在自然界中就应该有传票，而这是荒谬的。不可能在小溪的河床上找到像黄金或黄铁矿一样有罪或无罪的颗粒。这些思考使得上一段话完全不可能是真实的。

世界永远不应等同于自然。显然，人们无法像发现金块那样发现罪恶的颗粒，但这完全是因为世界超越了自然。此外，如果我们抗议说思想的主体多少就是单凭他的权威做出判断，这样的主体就在世界之中，因此世界包含着他们，所以所有的判断仍然在世界中，并且是世界的判断。然而，世界是我们的裁断庭这一说法并不只是意味着有判断力的生物，比如根据人为法律生活在一起的人，是世界的一部分。相反，说世界是我们的裁断庭，乃是承认世界是所有判断的根源，而不仅仅是世界的一部分（人类的部分）的，听凭一个无道德的、中立的自然。那么，说世界是我们的裁断庭意味着什么呢？

第一点也是显而易见的一点是，如果世界是我们的裁断庭，我们就不能再依靠主观主义的逃避来避免思考的负担。世界作为裁断庭，使得这种判断不仅有效或连贯，而且真实。这是一个非常重要的发现，因为现在我们可以说，“汝不应说谎”不仅仅是一种狭隘的或外省的信仰，而是一种可真可假的东西。对自然的研究永远不会产生一个单一的“应当”（正如我们从休谟那里学到的，“是”并不意味着“应当”），但对世界的研究肯定会产生一个单一的“应当”。因为“世界”一词指的是所有可理

解事物的终极根源，从事实和事件到意义和命令。世界不仅是物质世界，也是道德和审美世界。它既不是所有物质实体（自然）
151 的总和，也不是心灵创造力所产生的某种理念。正如我们前面所看到的，世界同时是实际的和实在的，而真理则是世界在这两种意义上的敞开。

启蒙思想的诱惑从来没有比把世界与价值和有价值的东西如此方便地割裂开来那么善辩和那么诱人。自笛卡尔以来，“心灵与世界”和“世界与心灵”这种形而上学的割裂就束缚了我们的思维，并使其充满了如此深刻的错误，以至于即使是最聪明的人也无法洞穿这些人为的限制。然而，这错误是如此明显，以至于人们对它的说服力感到惊奇。世界并不外在于心灵，也不等同于心灵。相反，我们必须完全抛弃这些实质性的实体，反思对作为一种存在于——或许更好的是，栖居于——世界的方式的思考意味着什么。栖居于这个世界上，就是要面对道德责任，输诚于美的颤栗，就是要成功或失败地成为我们自己，就是要为我们的目的而使用特定的对象，就是要在我们的经验范围内认识、确认和分类实体。栖居于世也是去想象不存在的事物和推测可能存在的事物，但世界 / 心灵的区别并不能解释“知道某事存在”与“相信某些并不存在的事”之间的差异。通过引入形而上学的重炮来解释不提供知识的心理图像，这是一种危险的策略。当然，区分是必须的：事实陈述不是价值判断。但这种区分并不具有二元论那种可畏的形而上学力量。它们也不支持任何形式的还原论，无论是物质还原论还是心灵还原论；因为简单的事实是，世界的广阔足以容纳二者，而不必要成为其中的任何一种。说真理揭示了现实——因而也揭示了世界——

就是承认，只要判断性论断属于被揭示的事物——世界——真理也揭示了我们的成功与失败。成功和失败都在这个世界之中和是这个世界的；它们不仅仅是“精神状态”，更不是幻觉或情绪。因为世界既是我们的家园，也是我们的历史，它在真理中的展开也是我们的裁断庭。我们已经看到，存在就是作为历史的，存在就是归属。现在我们要补充的是：存在就是接受裁断。在这三种情况下，我们的故事、家园和我们的意义之锚都是世界。但这里的“评判”并不一定意味着赞美或谴责，而仅仅意味着对事物、行为、人和存在方式的价值进行评估是*可能的*。使它们成为可能的是世界。

当然，将世界的意义局限于单纯的实际事件和实体，是出 152
自内向思辨的怪现象。这种限制对于技术操作甚至某些科学都是必要的，但将之应用于整个世界，则是荒谬的。世界不仅仅是粒子和能量场，它还是我们的恨与爱、我们的宽恕与惊奇、我们的历史、我们的命运和我们的罪责。我不是说世界是所有这些事情发生的*地方*；我说世界*是*与构成叉子、鞭子和镜子的原子和粒子同在的我们所恨、所爱和所疑者，世界甚至是我们的谜。正因如此，它是我们的家园；正因我们*思考*的方式之一是评判、排序、谴责、指责和评估，所以世界是最终的裁断庭。

当然，我们评判的方式各不相同。我们谴责邪恶，赞美善良；我们拒绝丑陋，肯定可爱；我们钦佩美德，羡慕邪行，即便在鄙视它们的时候。但最重要的是，我们依自己的价值来面对这个裁断庭，这个世界。我们是我们应该成为的人吗？我们对自己真实吗？这些问题不是关于非现世的另类主体，而是关于世界以及我们如何与之契合。将道德和存在的真实性与世界割裂开来是不可能的，尽管几乎所有当代价值理论家都是这样做的。这在一定程度上是由于继承了笛卡尔的实质二元论，但也是由于某种形式的学术胆怯造成的，就像看到皇帝赤身裸体却保持沉默一样。因为当我们诚实地思考这个问题时，除了作为实在的世界在真理中的展开，还有什么是令人不安的判断呢？现代主义精神坚持对事实和价值进行形而上学的区分，这只是加剧了克服这种虚无主义偏见的严重性。

这种偏见的确是虚无主义的。因为一旦人们将价值与世界割裂开来，就不可避免地会在真理与重要事物之间产生进一步的割裂。然而，将真理与重要的东西（事实与价值）割裂开来，对这两个概念都是严重的伤害。必须强调这一点：违背诺言的道德错误是世界的错误，而不仅仅是与世界相分离的主体的错误。主体也许是在这个世界中，但人，以他们所有的罪恶和荣耀，都栖居于这个世界，从而使这个世界成为一个裁断庭。

我们以什么样的方式将世界理解为裁断庭？栖居而不仅仅存活于世将世界确立为与我们的罪责、清白与宽恕的终极相遇。
153 归根到底，世界是我们的起源，也是我们的归宿，因为这一点，我们确认世界展开为真理。因为唯有真理才是最终的裁判。

说世界是终极裁断庭并不是说世界就是我们的法官。法庭是使审判成为可能的制度条件，法官本身不是。在法律意义上，法庭不仅仅是一个场所；它是法律的创造物，是证人和证据的程序，其设计和结构允许针对法律推定的违法者，以法律的力量作出判决的行动。说世界是一个裁断庭，类比而言，就是说我们的身份是通过对成败的评估而得以理解的。这样，被评估的不仅是我们的行为，还有我们的存在本身。我们在自身存在上可能成功，也可能失败，除非有一个裁断处，否则这种成功或失败就没有任何意义。

承认世界是裁断庭，并不意味着肯定或否定与其裁判者地位有关的任何形而上学论断。即使信徒坚持认为只有上帝才是裁判者，世界仍然是我们的裁断庭；非信徒可能坚持认为裁判者是一个模糊的机制，如文化或传统，但即使他们走得更远，也必须找到他们的裁断庭——世界。启蒙运动的继承者甚至会说，只有我们自己才是法官，但即使我们承认这种说法是可疑的，世界仍然是裁断庭。因为，按照这种理解，世界是事实问题、价值评估、道德谴责和指责甚至是存在意义的最终担保者。

这一分析的目的并不是要考虑甚至询问我们是如何被评判的，或者可以做出什么样的评判，而只是要表明，如果真理是世界的展开，那么世界仅仅是我们的家园和我们的故事是不够的，它还必须是我们价值的依据——即一个裁断庭。在我们完成对作为实在的世界的展开的真理的分析之前，还需要探讨世界的另一个特征。

十二　诱惑

上衣或衬衫留着头三个扣子没扣。门些微开着条缝，从屋内传出片断的喃喃说话声，但听不明白。书桌上打开的一本装帧精美的书，书名朝下。交响乐即将开始前音乐厅里一片寂静。下摆离腰带有那么点远的毛衣。废弃的纸上出自大师之手未完成的草图。 155

这些都是诱惑。它们挑逗人，因为它们都是未完成的；它们的吸引力在于其有限性，或者它们的承诺。如果真理敞开实在，其亦以某种诱惑行世。这不是泉眼对干渴的旅行者的那种吸引力，而像异域风情对游荡者的诱惑。因为真理的诱惑不是我们必须服从的要求；那是它的魅力。和知识不同，真理从来不是必要的。然而，它既不闲散也不琐屑。在诱惑中，世界展现自身为引诱者，而我们则展现为对其魅惑开放的。诱惑我们的，如同此前章节指出的，正是超越知识，或者说超越我们的掌握的东西。但如果真理是本质性的，那什么是这诱惑的本质？以及它的承诺的本质是什么？

亚里士多德《形而上学》开篇的句子断言，“人生而求知”；

他还以我们在回应自身好奇心上获得的满足支持自己的主张。但是，人并不生而追求真理——即便亚里士多德会这么说——因为真理完全不是满足我们的好奇心。假如我们姑且接受亚里士多德的断言，那么，知识的追求就是件自然而然的事，就像解渴或求伴。然而，追求真理是一件相当不自然的事情，虽然它并无悖谬之处。也就是说，在我们的天性中找不到一种普遍
156 的哲学倾向，正因如此，真理中一定有某种东西唤醒或诱惑着少数人进行这种非凡的探险，即追求真理。“探险”和“追求”这两个词是经过精心挑选的，因为骑士在他的崇高追求中进行的冒险——如果我们接受典雅爱情的模式——是为了一个永远无法企及的美丽女子。然而，如果要让这种追求本质的看似“浪漫”的概念变得有意义，我们就必须把世界展现其真理的现象理解为一种诱惑。

这一点可以通过两个词的并列来说明。如果知识就是力量，也就是说，如果知识是有目的的，而真理不是力量，因为它没有目的，那么我们该如何理解那些为寻求真理而付出艰辛努力的人呢？我可以为了吃饭和养活别人而去了解农耕，但我为什么要去探究农耕的本质呢？探究农耕本质的肯定不是农民，因为只有哲学家或诗人才会提出这种无关实事的问题。农夫了解农耕，如果他学哲学的儿子未能抓住或分离出适当的本质，庄稼仍会生长，田地仍会耕种，庄稼仍会收获。因此，哲学，或者说对真理的追求，只有在与本质直面的召唤——就像塞壬的呼唤——中才是可理解的。如果说好奇心激发了所有人的求知欲，那么是什么激发了少数人的求真理的意志呢？

首先要强调的是，我们确实是被召唤的。哲学家——不仅

仅是拥有学位的专业人士，而是所有怀着惊叹之心想要直击本质的人——并不是像建筑者决定建造一座大厦那样自由地从事他们的工作；相反，他们是被引诱进入无法回答的幽暗之中。不是人选择哲学，是哲学选择那些容易受其诱惑的人。希腊人把这种脆弱性称为“thauma”，即“惊奇”，那些遭受这种痛苦的人与那些遭受爱的痛苦的人相似，因此被称为“哲学家”（philosopher）[1]。在这方面花过很多时间的人都无法摆脱或否认这种诱惑，它引诱我们踏上没有回头路的旅程。但这有什么不同寻常的吗？音乐家不也同样痴迷音乐，艺术家不也同样为美着迷，神秘主义者不也同样为幻象着迷吗？也许吧。但在这里，诱惑是真理，因此需要分析，至少需要反思。反思的第一项内容是直白的事实。哲学家不能随意成为非哲学家，就像卡鲁索不能不唱歌，尼金斯基不能不跳舞。因此，在阐述真理的诱惑时，本质的是揭示其拿人的绳索或锁链。因为这里所说的并不是有些思想家被他们的思想所俘虏，因为有些推销员被他们的交易 157
所俘热衷于讨价还价，有些战士执着于勇气，有些海员着迷于大海。我们在这里说的不是那些不管工作是什么，都热爱它的那种人的心理特征，而是一种内在追求的冲动。在一项事业上取得成功而不成为它的奴隶是可能的，但如果探究者没有被束缚在无休止的、尽管并非毫无价值的探索中，那是不可想象的。

在用到诱惑或召唤这一隐喻时，有必要指出，在每一种诱惑中，都有两种相互冲突的力量在起作用：一种是怂恿我们超越自我的诱惑；另一种是让我们不情愿地呆在自身所属的安全

---

① “philosopher”的本义是爱智慧、追求智慧的人。

范围内的约束。有太多的思想家尝试过单独从召唤——显然就是真理——的角度来解释哲学的诱惑。但在这样的论述中，我们对真正的召唤毫无感觉，因为他们没有给我们不寻求真理的理由。但是，任何引诱都必须从诱惑和不情愿两个方面来解释。口渴的流浪者遇到清澈的瀑布，他不是受到引诱去喝水，因为没有任何东西能阻止他。

试图将真理解释为召唤是有危险的，就是通常将诱惑视为从善到恶的引诱。真理并不邪恶，尽管它的召唤也许会诱使我们远离安全和成功。然而，真理的诱惑中也可能有一些危险的东西，如果我们的探究要对其追求为真，就必须将真理的召唤视为一种诱惑，在这种诱惑中，你由之（from which）被吸引的是一种善，而你被吸引去（to which）的则是一种危险或奴役，这种危险或奴役即使不完全是邪恶的，至少也是有威胁的。然而，我们这一探究的目的不是揭示探索者的情感甚至精神状态，而是理解真理本身。将寻真类比于诱惑，我们希望能够学到关于真理本身的许多东西，而不仅仅是被真理的召唤所引诱是何感觉。

因此，“召唤”应被视为一种诱惑，而“诱惑”必须始终从吸引力和不情愿两个方面来解释。为了说明这两个要素的哲学含义，对三个经典诱惑的简要思考可能会有所帮助：卡门对堂·何赛的诱惑；梅菲斯·托费勒与浮士德的交易；最后是弥尔顿笔
158 下撒旦对夏娃的勾引。这三个例子都来自文学作品，原因相信很快就会显而易见。此外，这不仅仅是三个诱惑的例子，更是关于诱惑从而召唤意味着什么的范例。

卡门。从表面上看，这是一部典型的十九世纪歌剧情节剧。

一位忠心耿耿的年轻士兵拒绝履行军人的职责，也拒绝了家乡的姑娘，屈服于一位吉卜赛女人的诱惑，而这位吉卜赛女人设法让他卷入走私团伙的危险犯罪活动中。吉卜赛女人爱上了一个斗牛士，当何赛发现她不会回报他的爱意，他妒火中烧，将荣誉、地位和尊严抛在一边，在斗牛场外刺死了她。这看上去情节恶劣，情感上也很过分，但它的音乐很美妙，歌声也往往很动听，因此，我们在享受音乐的同时，也忍受了戏剧的愚蠢，或者说忽略了它。这种愚蠢的故事常常被制作成宏大歌剧。

但比才（Bizet）[①]是法国的瓦格纳。音乐就是戏剧，在他天才的影响下，故事的悲剧性远远超过了情节剧，当认真研究情节和配乐时，这部作品显示为一部杰作。对我们的探究具有特殊意义的是其揭示了诱惑的意义，如前所述，诱惑需要在召唤与抗拒之间保持张力。堂·何赛和他心爱的卡门的真正悲剧性堕落值得更深入的思考和分析。该剧首演当晚的嘘声和倒彩，部分原因是人们误解了这部歌剧伟大的悲剧性。引人注目的事实是，这部戏剧配得上呈现它的音乐。

是堂·何赛这个角色让《卡门》成为一部真正有价值的戏剧。表面上看，诱惑只是简单来自卡门的性魅力，而不愿就范的则是他对军队的义务；这些因素当然都是存在的。但何赛不只是被卡门所色诱，为了她，他牺牲了自己所珍视的一切。这是因情欲引起的短暂的盲目吗？是建立在虚假承诺上的欺骗吗？卡门并没有对何赛撒谎或做出虚情假意的承诺。她直通通地告诉

---

① 乔治·比才（Georges Bizet，1838—1875），法国作曲家，歌剧《卡门》的作者。

他自己对感情是不专一的，一切只不过是一时兴起。所以，何赛没有受骗。（实际上，正如我们会看到的，浮士德或夏娃也都不是被骗。）其他一些人在此之前也曾经被卡门迷住，因此，为什么何赛拜倒在她的石榴裙下如此重要？他的忠诚甚至说奉献
159 的本性决定了，他一旦被爱情俘虏，他必须全心全意、永世不忘。他不只是*失去*了先前的荣誉，他*牺牲*了它。何赛不是仅仅因为嫉妒或由于全然失去了所有对他来说重要的东西的挫折而杀了他深爱的人；他杀她是因为她不能或不肯接受他的牺牲的重要性。依痴狂的爱人的独特逻辑，他对米凯拉[①]和军队的不义只有当他现在的举动被神圣化才能得到救赎，而这要求*牺牲*，而不只是*失去*。但卡门对何赛的拒绝令他的牺牲一钱不值，从而夺去了他的爱情的那个理由。并不是何赛对卡门的真实本性茫然不知，因为关于这一点她从一开始就是坦诚的；毋宁是他对自己在奉献与牺牲方面所能做到的程度方面是盲目的。（在最后的可怕对峙中，他牺牲了自己同样也牺牲了*她*。）但牺牲是某种高贵的事情，相反，对珍贵东西的不忠却有失高贵。何赛背弃了他作为战士和对于米凯拉的誓言，但他将失去的这些理解为*牺牲*，从而将他对卡门的痴迷高贵化。他并非自我欺骗到相信他的背信弃义是道德上正当的；他只是相信，这与他作为一个人必须忠诚的本性是一致的。所以，他拜倒于她的性感和挑逗始终是一种道德瑕疵；但在罪错中他没有丧失对自己作为始终忠诚的人的意识，因而他现在必须将他的奉献掷于这个吉卜赛姑娘的脚前。这也许是亵圣的忠诚，但忠诚始终是忠诚。这

① 何赛家乡与他有婚约的姑娘。

肯定是一种不可理喻的忠诚，因为他知道卡门不可能始终忠于一个人。因而这是牺牲。

诱惑因而从来都不只是诱骗或者甚至道德上短暂的见色忘义的结果。在获取中就存在失去。你得到的不是单纯许诺的欣悦，而是与你自己的本性照面。在诱惑中，正是堂·何赛的那个高贵性朝向它自身，并且将他牺牲性地（从而仍然高贵地）与他的爱情捆绑在一起，这一爱情在展现他是谁时的同时也毁灭了他。难怪首演之夜的观众缺乏思想准备。

浮士德。但是，观众们对基督教历史上最著名的情节之一的各种阐释倒是准备有素。马洛、歌德以及托马斯·曼的天才已然将这个奇怪和不均衡的传说提升到艺术和形而上学的高度。然而，这仍然是一个令人费解、条理几乎不明，却蕴含炫目智慧的故事。为什么一个饱学之士会为了一个廉价的魔术诡计出卖他不朽的灵魂？跟何赛不同，浮士德从来没有被美女单纯的性感击败；实际上，他似乎在对自负的国王和教皇所玩的粗俗 160
把戏中获得更多的喜悦。然而，值得我们关注的并不是一个人为了一段神奇快乐时光出卖灵魂的表面故事，而是诱惑者梅菲斯面临的一个更妙的问题：怎样才能成功地诱惑一位精神高尚、智力超群的大人物？作为这个基本问题的附带问题，像浮士德这样博学而受人尊敬的人，怎么会这么不满足于自己的智慧和知识？如果没有对前一个问题的理解，对后一个问题的回答只能是平庸的。

在此，歌德对故事的处理是到目前为止最富有成果的，即便他的理想主义-浪漫主义结尾本身就是一种伤害，妨碍我们从悲剧中获得更深刻的回报。（在这一意义上，马洛胜过歌德。）

与所有日耳曼作品一样，歌德的这部杰作篇幅过长，不过，虽然它的长度给观众造成了负担，但它的确在根本问题上给我们提供了更深刻的见解。让我们从梅菲斯的角度来看待这个问题。他被赋予了一项艰巨的任务，那就是摧毁一位伟大人物的灵魂。怎样才能做到这一点呢？精通哲学、神学、医学和法律的浮士德不可能被苹果或吉卜赛女郎打败。事实上，随着剧情的缓慢推进，梅菲斯似乎永远也无法成功地让浮士德欣喜若狂，说出那句致命的咒语：停留一下吧！你多么美呀！当然，我们知道答案：他用一个人自己的善良打败了那个伟人。这个答案看起来几乎是花言巧语，尽管它看起来足够真实。梅菲斯终于变得足够聪明，赋予浮士德以仁慈的力量，博学的灵魂让渡者感动地承认，他最终满意了。这个结局令人倾倒。这是否意味着善良比知识更令人满意？善良就该受到诅咒？只有从恶魔般的洞察力中才能学到如此深邃的智慧？抑或是更微妙的意思：浮士德是被从善如流的欣悦所欺骗，而不是被善良本身所欺骗？抑或是美超越了善和知识？来自德国的歌德怎么会如此轻率地对待交易和承诺？上帝允许浮士德的灵魂得救，是因为他在行善中获得欣悦（不仅仅是行善，而是乐于行善），显然，上帝愿意毁约。即使是沃坦（Wotan）也不能这么做。哲学和神学的谜团越堆越高，着实难解。

但幸好，我们的任务远为有限。我们唯一关心的是诱惑的问题，以及梅菲斯的聪明见解，唯有善中之乐可以吸引一个伟
161 大的人。在此我们必须谨慎推进。在最初所立之约中，浮士德同意，只有在这样的时刻他才愿意交出灵魂，就是那美如此强大，让他不思离去。因此，击败浮士德的不是善，而是对因善而美

的确信。女人格雷琴的美不足以打动浮士德。纯粹权力和游玩之乐也不行。唯有由善之美能俘获他的灵魂。

浮士德不是在最后一幕而是在第一幕就被诱惑了。他被这样一个想法所诱惑：世上有如此多的美，即使是他博学而愤世嫉俗的灵魂也会为之倾倒。他不相信会有这样的事情发生，所以才会那么情愿献出自己的灵魂。但这种可能性虽然一闪而过，却具有如此强大的诱惑力，以至于他愿意像何赛一样，为之献出一切宝贵的东西。浮士德显然对知识乐此不疲，但从未达到牺牲的地步，从未达到狂热的程度。只有善良之美而非甚至善良本身，才能为这种牺牲提供理由。善良之美本身要求牺牲；但再说一遍，如果牺牲是高尚的，又怎么会导致对其灵魂的诅咒呢？这就是歌德所看到的悖论，而他对此的解决既非浪漫的，亦非理想主义的，而是不可避免的。当然，在没有适当考虑的情况下就放弃有巨大价值的东西，这不是高尚的牺牲，而是愚蠢至极。但当付出是基于有价值的交换而作出，付出者成了牺牲品。对歌德笔下的浮士德来说，他唯在善中才能找到的极致的美值得牺牲其灵魂。对何赛而言，其忠诚的性格令他的输诚成为牺牲。另一方面，马洛[①]笔下的浮士德在长达二十四年的时间里只追求［知识的］享受，他并没有献出自己的灵魂，而只是丧失灵魂；这就要求马洛将浮士德塑造成一个对自己灵魂的价值表示怀疑的人物：他声称自己不相信灵魂。（当为他提供了他想要的力量的梅菲斯保证他的灵魂是不朽的，他怎么会不

---

① 马洛是英国剧作家，其《浮士德博士的悲剧》呈现了对浮士德精神迥异于歌德的理解。

相信其灵魂的不朽性呢？除非浮士德是自欺欺人。卡门和梅菲斯并没有欺骗他们的受害者。）

夏娃。但弥尔顿不是称撒旦为大骗子吗？夏娃不是被欺骗了吗？她肯定是被算计了，因为撒旦带着伪装来到她面前，谎称自己会说十七世纪的英语。但在本质问题上，即吃果子会带来死亡，以及拥有应许的善恶知识会改变她，他并没有欺骗她。事实上，夏娃最后的诱惑者就是夏娃自己；最终的诱惑不是建
162 立在错误信念，而是建立在真实信念的基础上。这是所有诱惑中最大的诱惑，因此也是这一探索中最富于启发的。

弥尔顿在《失乐园》第九卷中告诉我们夏娃受到了什么诱惑？吃“知善恶”之树的果子是上帝明令禁止过的。撒旦化身为蛇,虽然说了几句谎话,但仅仅通过提问就引诱夏娃吃下果实。事实上，问题似乎和果实本身一样层出不穷。在知道善恶之前，夏娃怎么会有责任呢？为什么要剥夺这对原初夫妇唯一值得拥有的知识？如果正如弥尔顿向我们保证的那样，这棵树是用来诱惑和考验他们的，那么如果他们对善恶一无所知，又怎么会受到诱惑呢？撒旦问，为什么惩罚是死亡？如果他们应该服从上帝的命令，但却不知道上帝的诫命是好的，这又有什么意义呢？

不但夏娃，弥尔顿本身对最终的选择究竟是值得庆贺还是悲叹似乎也不那么确定。进而言之，亚当完全是基于他对夏娃的爱决定去吃那个果子,他不想失去她。所有这些意味着什么？

夏娃得到的当然是她的自主性，因此也就有了意义的可能性。在她撇开撒旦自己走到一边思考自己将要做的事情的意义之前，她根本没有任何意义。事实上，正是她自己内心的反思，

她的自我诱惑，给了她提供关于善恶的知识。真正的吃下果实就像歌剧《特里斯坦与伊索尔德》中的催情药一样没有必要。关键的是，只要她有这样的想法，她就是凡人，而作为凡人，她是自由的。

史诗的神学语言削弱了问题的影响力。显然，上帝创造了自由的夏娃。但自由的含义正如其所言——夏娃在完成她的创造行为之前是不自由的。凡人不是被创造的，他们是前创造的：夏娃通过成为自由的来完成创造行为。当然有反叛和不服从，但为了建立自主性，这些都是必要的。她的行为并不是有意违背了她对上帝的情感和奉献，而仅仅是基于她的推理，打破了完全服从的顺从角色。奴隶服从仅仅是因为命令，而自由人服从则是源于自身自主性的尊重。如果没有最初意识到自己的重要性——这本身就是对“善恶知识”的认识——夏娃根本无法自由地服从。弥尔顿的诗告诉我们，上帝创造他们是为了 163
让他们自由地服从——这就要求夏娃思考隐含的死亡威胁，以及让自己（和亚当）独立地意义具足的意志。因此，夏娃不仅要通过反叛来建立自己的自由，她还必须得给自己诱惑。弥尔顿的文本清楚地表明：是她自己的内在理智最终促使她采取行动。撒旦在某种意义上是无关紧要的；事实上，从终极意义上说，上帝也一样。

失去的是伊甸园，得到的是恩典。对于慈爱的父母来说，意识到自己的孩子不再完全依赖自己总是一件痛苦的事，但任何好的父母都会这样希望。夏娃的神圣来源必须让位于她的人类成就。我们现在必须用我们的汗水来赚取我们的面包，在痛苦——我们的痛苦——中孕育我们的孩子，但现在是我们的面包和我们的孩子，这当然是至高无上的珍贵。也许弥尔顿笔下的上帝在夏娃完成创造之举时会发出欣慰的叹息。

这种神学和哲学上的丰富内涵远远超出了当前研究的需要，因为夏娃的故事在这里只是作为理解诱惑的一种资源而具有重要意义。堂·何赛、浮士德和夏娃这三个文学形象为我们提供了关于诱惑问题的大量哲学启示，但这并不是我们对诱惑的普通理解，那只是严格道德意义上的问题。如果我为了避免不愉快而屈服于诱惑说谎，那么分析所揭示的只是我做不到我应该做到的事。正是因为他们的故事，我们才能够，也必须对堂·何赛、浮士德和夏娃的诱惑进行反思。这些反思丝毫不能减轻我们抵制天性中卑劣倾向的责任；从道德上讲，诱惑无非是我们的天性与责任之间的斗争。但作为故事，这些关于诱惑的描述所揭示的远远不止于此。

那么，关于诱惑的本质，这些反思揭露了什么？其一，我们了解到，诱惑，至少在恰当的意义上，如果没有真正的不情愿，是没法理解的，而这种不情愿的来源从根本上说是宝贵的。因此，我们必须区分纯粹的诱惑和真正的诱惑，前者可能屈服于任何诱惑，或者刚刚能打破我们最微弱的防御的诱惑；后者所面临的危险不仅仅是我们的美德，威胁美德的也不仅仅是我们的弱点，而是在危及珍贵之物的同时，揭示了迄今为止尚未被认识到的巨大价值。其二，诱惑的悖论在于，失去的东西的价值会随着许诺的东西的诱惑力的扩大而放大，因此，失去和获得二
164 者在紧张关系中都变得更加珍贵。其三，被诱惑的经历会极端地、根本地和不可更改地转变他。真正的诱惑几乎是一种蜕变，而且实际上并不总是有益的蜕变。其四，与许诺的价值相比，更

重要的似乎是在许诺的诱惑面前被利用的柔弱性。我们在诱惑中得到了什么，甚至赢得了什么，并不重要，重要的是我们变成了什么；我们变得对召唤根本没有抵御能力，从珍贵的东西转向令我们变得柔弱的东西——通常是某种美。

因此，如果我们要把真理理解为一种召唤，那么诱惑的这些因素如何揭示真理的意思？诱惑、牺牲、不情愿和收获是什么？这并不是一些寻求那种填空答案的无聊提问，这些东西属于真理的内在召唤，就像激情属于堂·何赛的诱惑。事实上，这些问题也是失中所得的一部分。我们必须同样依热情和脆弱性来理解真理召唤的本质，正是它们使得真理成为可能。

我们不要止步于显而易见的东西，除非它值得我们点头；因此，我们不能说真理是诱惑，就好像真理是某种形式的性诱惑；相反，真理是整个过程，包含所有要素。因此，诱惑人的不是真理，而是本质上永远半遮半露（就像半敞的衬衫）的实在。因为本质从来都不只是在那里，赤裸裸地存在着；本质有赖来自探究者方面的努力或追求。

同样，我们也不会说，我们在真理中被引诱或诱惑着离开无知，这看起是平淡无奇或者说缺乏思考的说法；因为这无法解释为什么有人愿意无知，因此也无法解释不情愿。更确切地说，探究者受本质实在的诱惑，他所不愿顺从的正是知识本身。在可敬的求知过程中，存在着安全感，一种保障，在此，答案之为终结是探究的报酬。正如我们所看到的，知识是有益的；俯首或臣服于这一正当而美好的成就是个不小的损失，因此，面对引诱始终不愿臣服于知识：这正是真理现象的本质所在。

当然，这里的收获与在这三个故事中遇到的相似，即一种被赐予的柔弱，一种新的承受疼痛和伤害的能力。这种被赐予的柔弱是惊奇，一种永远无法满足或被满足的惊奇。接受这一点是一种牺牲。在面对实在的诱惑变得柔弱的过程中，我们必
165 须保持一种持续的牺牲奉献，不断地以一种真正的不情愿来对抗臣服于在知识中获得的满足感。这种诱惑（本质实在）抵制对它不情愿（知识中的满足）的拉扯，创造出牺牲的意愿（对探究至关重要的痛苦），而牺牲者则获得了新的柔弱性（惊奇）。这样一分析，诱惑、不情愿、牺牲和柔弱的整个现象就被揭示为真理。

然而，我们在上文提到，在诱惑的过程中，被诱惑者被根本地改变了。探究者输诚于真理的诱惑，这种改变是什么？我们是如何永远地不一样了？改变简单地就是真理现在变得重要了，也许终极地变得重要。这听起来不像是个伟大的发现，但基于前此论述，这无疑是一个伟大的发现。然而，在此之上，任何单纯的分析都无法展示这一点——转变是必须被承受的事情。转变必定被承受，只是因为真理在召唤。

至此，关于作为实在的世界的四重分析已告完成。与“实际的世界”相对照，“实在的世界”必须是：（1）历史的；（2）家园，我们所归属之地；（3）裁断庭，于此我们有分际（where we matter）；以及（4）召唤，我们在其中输诚于魅惑。实在的这四个维度对应于探索者的四种样态：（1）接受（命运）；（2）确信（欣悦）；（3）承认（罪责）；以及（4）输诚于（美）。通过世界与探索者在这一同构对应中被阐释，现在，真理现象已然确立。

但这些分析提出了进一步的问题。在真理的追求中没有权

威吗？也就是说，我们对本质或意义的探寻在什么意义上（如果有这样的意义的话）是由我们的理性引导的？有任何充分的解释吗？在什么意义上我们可以确定，我们与本质的遭遇不只是一个错觉？简而言之，即便我们接受在以上段落中所概括的关于真理的说明，我们现在也必须问一个哲学的问题——为什么？有什么理由？的确，在探索真理的过程中，理性又是如何发挥不论是什么样的作用的呢？

第五部分　真理与理性

十三　真理与理性

试金石：你懂不懂得一点哲学，牧羊人？ 169

科林：我只知道这一点儿：一个人越是害病，他越是不舒服；钱财、本事和知足，是人们缺少不来的三位好朋友；雨的属性是湿润，火是燃烧；好牧场产肥羊，天黑是因为没有了太阳；生来愚笨怪祖宗，学而不慧怨失教。

试金石：这人可真是个天生的哲学家。

莎士比亚《皆大欢喜》，第三幕第二场

即使是可爱但头脑简单的牧羊人科林也知道什么是哲学家：一个给出和要求理由的人。当满脑子浆糊的傻瓜试金石断定，牧羊人科林被诅咒了，牧羊人提出："就因为没去过宫廷？你什么理由！"由于在这部奇妙的喜剧中，给出的理由往往是傻瓜的理由，但毫无疑问，这个场景是对哲学家的搞笑式的拆穿和揶揄。自古以来，哲学就被认为是论理（reason-giving）的学科。事实上，对于哲学家来说，理性的重要性几乎等同于真理本身；二者就像婚姻中的双方，可爱的新娘，真理，被强健的新郎，理性，所追求和爱慕。只有双方的结合才有望结出丰硕的果实；靠单独任何一方都不会有子嗣。

但如果真理是直面本质，理性怎么可能在其中起什么作用？诚然不存在先天的法则或者纯形式的程序，藉此保证可以将本质分离出来。然而，否认理性在柏拉图、叔本华或海德格
170 尔的本质主义探讨中有任何作用未免也太过分了。理性有其权威——当提出理由或进行推理时，我们必须给予应有的考虑或同意。当然，正如布鲁图跟卡西乌斯[①]说到力量，“好的理由必须让位给更好的理由”，这意味着，并非所有的理由都是一样的。但是，即使是未必绝对令人信服的推理，也仍然需要我们的尊重，除非论证遭到反驳，否则就应该服从其雄辩的权威。

正是因为论理的确具有这种权威，所以理性本身的研究者必须提防两种显而易见的危险。一方面，思想家不希望把理性局限于就像符号逻辑纯粹形式的计算或决策程序，因为那样会使理性成为一种稀有之物，以至于不适用于任何人类环境。另一方面，理性也不应该不受限制地到处滥用，以至于完全丧失权威。因此，理性本身的范围和意义成了一个开放性的问题。很显然，理性的真正本质并不像理性所希望的那样清晰。

如何展开定义和描述理性的工作？如何判断理性的权威程度，而又不陷入循环论证？有两种方法可供参考。一种是注意伟大哲学家对理性的论述，另一种是注意和观察理性在具体不同情况下的运用。纵观理性所有可能的使用不是我们的意图，甚至也不是我们的恰当任务；我们关注的只是理性如何应用于

① 这两位都是卷入刺杀恺撒的罗马将军。

直面真理的问题，这样，对本质的辨析就不是“敏感的洞察力”不羁与随机的抛洒。真理本身之所以受到尊重，只是因为它不像意见那样恣意而行；同样，理性之所以受到尊重，也是因为它不随心所欲。

但是，是什么让理性变得不武断呢？如果科林声称，夜晚的“一个重要原因”是没有太阳，那么他就是在断言，没有任何其他说法是合适的；这就是我们必须思考的夜晚之原因。我们说，这正是我们所说的理性。因此，康德根据这一见解，将理性定义为“规则的能力”。有时,他更倾向于使用立法的比喻，将理性描述为我们类似法律那样的来源。无论在哪种情况下，康德都将类似规律性的必然性从其内容中分离出来，使理性成为一种纯粹的形式能力，仅仅因为它规定了不可被否定这一原则，它向我们担保了必然性。

理性之为统一者

康德的论述乍一看似乎是一种极小主义的描述，它的说服 171
力来自其精益严谨。当然，如果我们的论证要有任何理性的说服力，我们似乎确实需要规则和法则，而如果我们确实拥有并使用这些规则，那么它们必定来自某个地方，那么为什么不简单地标明这些规则的来源是理性呢？此外，康德的描述似乎确实解释了我们实际使用推理的方式。推理就是诉诸思维规律。还有什么比这更简单的呢？

但康德并不简单，他的论述也不像乍看起来那么极简风。

康德认为，论理就是以特定的方式进行思考，即按照规则进行思考。但思考就是统一。当科林说雨的属性是湿润时，他将“雨”这个概念或术语与第二个概念或术语“湿润”统一起来。因此，思维的统一过程被作为统一性法则（原因）被实现出来。因此，描述理性的不仅是规律性，而且是规律性的统一。康德有时将这种统一称为综合：汇聚。

当然，最高阶的汇聚当然就是那从多中产生一者，就像政府法律和文化传统由许多人中造就一个人民一样。合众而为一就是将不同的事物统一起来，或者说是普遍化——即扩展到整个宇宙。因此，普遍性就等同于合规律性；普遍性不是指在整个宇宙被接受的东西，而是指必须被全宇宙接受的东西。我们不只是同意“好牧场养肥羊”，我们还必须同意这一说法。

“充斥于整个宇宙”——普遍性——这一概念并不局限于支配纯粹概念之间联系的法则（如逻辑学）或将事件联系起来的原则（如科学），它同样适用于康德的道德思想。要使一个判断具有道德强制性，它必须“充斥于整个宇宙”，也就是说，它必须是可普遍化的。既然我不希望让违背诺言成为普遍法则，我也不能接受它作为行为准则，因此违背诺言被视为不道德。莎士比亚笔下的科林在上述段落之后不久又补充了一句，这与他的性格并不矛盾：“吃的是我自己挣的，穿的是我自己挣的，不跟任何人结仇，不嫉妒任何人的幸福，别人好了为他高兴，自己倒霉自己担”；并且他在工作中找到乐趣。因此，牧羊人不仅说话像哲学家，行事也像哲学家，这也证明了试金石对他是“天
172 生的哲学家”（在剧中，这个词具有奇妙的恶作剧式的歧义）的评价是正确的。

普遍化就是通过统一在一个共同的规则之下获得贯穿整个宇宙的权威性。只有通过理性的力量，这样的统一性从而权威性才得以实现；或者换一种说法，“使之为一”——为所有思想立法——就是理性。理性的力量如何可能运用于在洞悉本质意义中直面真理？

我们注意到母亲的许多品质和特点：她们照顾自己的孩子，保护并捍卫他们，教他们大多数重要的事情，教他们如何说话、吃饭和洗漱。这个清单可以无限地列下去。但是，当我们试图将所有这些特征统一在一个单一的、包容性的概念（如母爱）之下时，我们只是在建立一个笼统的或涵盖性的术语。然而，当我们试图洞察“母爱”这一抽象概念的内在原因，并将注意力集中在以母子的自我认同为基础的无边的宽恕的概念上时（如果这确实是正确的本质的话），各种要素就不仅仅是被一把伞（“一般术语”）所覆盖，而是被一种力量所凝聚，从而被一种力量所照亮，这种力量就像一个国家将众多公民凝聚成一个民族，并通过法律的力量整合在一起。也就是说，我们把众多元素理解为本质的展现，而不仅仅是一类元素的成员。通过思维（理性）的力量将本质分离出来，就是将各种谓词统一或整合起来，这些谓词构成了我们理解概念的多种方式。洞悉本质意义就是综合或统一，而只有理性才能完成这样的行为。因此，通过剖析康德关于理性是心灵的最高立法者的论述，我们可以看到这样一种解释是如何令人钦佩地契合于直面真理的。因此，理性并不局限于为某一主张是真的这一信念收集证据或理由；它更大的作用毋宁是真理现象中本质意义的敞开。必须强调的是，在揭示本质的过程中，所展露的并不是一个单纯涵盖性的术语或

“最广泛的可能类别”，而是实际、具体的存在或思维之道，通过它的力量，它实际上照亮了各种谓词，使它们变为可以理解的。

理性之为理想性

173 在柏拉图看来，理性是一系列向后退的辩证步骤，一直退到可理解性的根源，他称之为理型（forms）或理念（ideas）。因此，思考就是回到照亮我们日常世界的根本之光。柏拉图的理型说可能是所有古典形而上学论述中最为人所知的，也可能是最被误解的。这里没有必要解释理型，因为我们感兴趣的不是本体论原则，而只是柏拉图所说的辩证法中的思考或论理的含义。

我们的确理想化。我们理想化完美的圆、绝对低温以及正义的城邦、无摩擦的机械和绝对真空；我们每次排序、判断、评估或试图理解任何事物的意义时，都会把它们理想化。理想化是我们的一种思考方式，在特定条件下，这样的理想化思考带给自己权威性，这与康德所说的置于规则下的综合并无不同。令人难以置信的是，有些批评者将“理想性”一词当作控告，认为任何被理想化的东西就其本质而言都是不真实的，因此充其量只是一种情绪化的希望，当然不值得被称为深思熟虑或合理的东西。但这些批评者完全没有抓住重点。理想并非乌托邦。

假设我想了解说话意味着什么。当然，可以简单观察别人说话，或者自己说话并观察自己是如何说的。让我们把重点放在后一种方法上。我可以不考虑英语语言的历史，甚至不考虑我是如何学会说话的个人历史。不过，即使在我写下这句话的时候，我也意识到，如果要取得成功，就必须利用语法和句法规则。但是，成功，即使被最小化地理解为仅仅达到基本的连贯，也是有程度之分的。有些人比其他人更成功。因此，“我如何说话”的问题就变成了“我说得如何”的问题。既然说话必然是一件可以相对成功或相对失败的事情，那么言说的可理解性本身就包含了优劣程度的概念。这一点在其他例子中更为明显：如果我不知道有些人跑得比其他人快，或者跑得比走得快，我还能理解“跑步”这个概念吗？但说话与跑步并无二致：有些人比其他人说得更好。

那么，除非在我的理解中包括一个人说得好或不好的程度，我怎么去理解言说的意义？我认识到，卓越的语言表达不仅要 174
遵守语法和句法规则，还要注意风格要素。除此之外，我还必须加上诗人对语言意义的贡献。莎士比亚的一个双行诗节、艾米莉·狄金森的一个短语、丘吉尔的一段话、W. H.奥登的一行诗，都揭示了语言的奇妙之处，如果我关注这些作家的作品，我就会不由自主地注意到，我自己所使用的语言的范围和意义远比我想象的要大得多，也宝贵得多。我该如何把握它的意义呢？

一个明显的法子是严格依莎士比亚的精彩语言、当代历史学家的恰当语言、大学生的糟糕语言，以及网络广播公司的失败的和滥用的语言来了解语言。正如“奔跑”因快与慢的区别被理解，语言也因雄辩与粗俗的区别而可以被理解。现在，如果我们把一件事物的卓越性投射到它最完美的实例上，我们就可以把它当作一种标准或范式，据此来理解不同层次的成功。

这正是柏拉图在《理想国》中对正义的描述。通过表明我们可以根据各种政府实现正义的不同程度对其进行排序，柏拉图告诉我们，通过这一排序我们可以投射出一个完美的正义国家的形象。一旦确定了这一形象，我们就可以判断任何实际的国家在多大程度上分有这一理型，并由此明白什么是正义。因此，通过排序，理型或标准得以被揭示，而通过这种理型，正义的意义或可理解性得以被揭示。没有排序的正义并没有单独的意义；相反，只有通过对各种政府进行排序，正义才变得可理解（因而可思考）。

柏拉图关于理想性的论述的一个精彩之处，就是解释了人如何从程度的差异投射到理想型。在《会饮篇》和《斐多篇》中，这是通过情欲（*eros*）的激情来实现的。因此，正是情欲的理想性让思想家能够穿透分有的层层关系，达到理型或本质。因此，理性是与激情结合在一起的，任何纯形式的或规律式的原则体系都是不够的。因此，思考不仅是遵循规律，也是感受激
175 情的牵引。因此“纯粹”的智力功能与更令人满意的情感功能之间人为的严格区分可以休矣；说到底，毕竟不是一个人只会计算，另一个人只会感受，而是一个人充满热情地思考和深思熟虑地感受；尽管我们为了使事物有意义，必须区分有效性与激情，但没有理由以如此极端的方式将我们意识的这两个特征割裂开来。为了做到精确和严谨，我们必须关注精确性和严谨性，因此，即使在遵守规则和法律的过程中，也必须预设某种情感。

将柏拉图式的理想性应用于直击本质主义真理的现象并无困难。毫无疑问，在探究者试图分离本质的过程中，会根据概念的成败程度采取相应的步骤。无论语言的本质是什么，如果我不在这个词的定义或可思议性中加入莎士比亚语言对于电视

广告语言的优越性，我肯定无法把握它。但是，这一认识中同样重要的是，这种排序——从而其可理解性——只能是理性的结果。理想性对本质主义思维是必要的，它为我们提供了一种推理，从而我们对真理的探求始终是一种理性而非恣意的努力。

在描述康德和柏拉图关于理性本质的论述时，我们或许看到，这两位思想家都不是“理性主义者”。这就是说，柏拉图和康德都不认为理性本身能够以某种方式告诉我们世界是怎样的。无论是像康德所说的那样将理性的原则应用于经验，还是辩证地将不同程度的优越性排序以洞悉其原初形式，理性的权威性和普遍性总是与经验或其他可能形式的学习联系在一起的。如果理性在实现本质主义真理的过程中发挥作用——它当然必定如此——它并不排斥其他禀赋（faculties）（暂且用康德的语言）的输入，也不寻求建立独立的、纯粹理性的知识。真理必须是合理的，由于理性所起的作用，无论是作为规则和普遍性的源泉，还是作为对形式的辩证回归，它都带有权威的力量；尽管如此，它并不是纯粹的形式主义，或以任何方式独立于世界。因此，笛卡尔的理论或莱布尼茨的单子论并不适用于对本质的探索。这些理性主义者无法提供直击本质的方法有两个原因。第一个原因是他们认识论中的确定性标准，第二个原因是他们致力于 176
把实体作为形而上学的基础。

直面本质真理并不是要找出确定无疑的命题，而是要确信、接受、承认并输诚于实在。这样，思考和探究——而非“确知”——才成为可能。对本质的探寻，就是通过提供一个学习和探究可以发生的场域，探寻使我们能够成功或失败地提出问题并做出回应的东西。因此，理性主义者关于认识确定性的教条与真正哲学的旨趣背道而驰，因为确定性知识的终结性本质使得任何进一步的疑问或追问都成为不可能。尽管如此，对本质的辨识绝非偶然或微不足道的成就，因为它提供了一个舞台，在这个舞台上，思考的持续敬畏与惊奇变得可以理解。

更为严重的是所有理性主义的形而上学预设，即实体（或用十七世纪的说法是“物质”）构成了全部现实。对于追求本质真理的人来说，重要的不是“事物”，而是意义。早期的理性主义者使用“本质 ”一词来表示识别事物的充分必要条件——因此,在他们的方法论中,探寻的始终是事物的本质或实体的本质。这种形而上学的本质概念与本研究中提出的本质概念完全对立，很可能会受到维特根斯坦的攻击。但本研究只关注本质意义，而非事物。我们不问：语言是什么？ 仿佛语言是一种事物或实体；相反，我们问：说话意味着什么？我们不问：母亲是什么？而是问：作为母亲意味着什么？或者，如果我们不能确定问题的主词，我们可以这样提出问题：有一个母亲的存在是什么意思？无论如何，这种转变是从实体（名词）的语言到问某一事物的存在是什么意思（动词）的语言，因此，在这类问题中对理性的诉求不是解释某物发生的原因或必要条件，而是指向统一原则或理想化的方式。从形而上学实体到本体论意义的转变，需要类似的转变，即从理性作为相信某物为真的依据，转变为理性作为一种统一的力量，它使一个概念成为可思考的——也就是说，成为可确信或否认、可接受或拒绝、可承认或反驳、可输诚或不屑的——东西。柏拉图和康德都对理性进行了这种方式的分析，使之适用于意义问题。这里提出的主张是，理性
177 不仅有适用于意义或本质的用途，而且，这种用途实际上比为

事实性主张（知识）提供支持更基本，即更理性。可思（这意味着在某一事物意义的理解上获得具足权威性的成功）比确知事情的真相更理性。意义高于知识，前者比后者是更理性的。

长期以来，命运、苦难、罪责、欣悦和理想性等伟大的存在论观念一直被认为是哲学和核心思想家正当关注的问题，如果说这些观念中没有真理，那当然是荒谬的。事实上，除了极少数学术上的怀疑论者之外，大多数人都认为这些问题是哲学家任务的精髓所在。然而，我们在这里看到的不仅仅是这些观念具有真理性，而是它们构成了真理本身相应意义的一部分。因此，仅仅拒绝实证主义和情感主义的狭隘论断是不够的；我们必须成功展示这些观念在真理的可能性中所扮演的不可或缺的角色。唯当真理重要，我们才能够对这些观念进行成功的思考和推理，只是因为真理是重要的；而只有对这些伟大的观念有充分的哲学理解，才能表明真理是重要的。

伊曼努尔·康德表明了我们大多数人隐约感受到的东西，即纯粹理性本身无法回答关于上帝存在、灵魂或自由的问题——对理性的心灵来说，不存在可以通过某种微积分或决策程序来确定的关于这些问题的最终解决。但这完全不是否认关于这样一些问题的真理。我们仍然可以对这些问题进行思考和推理，而且确实能够取得成功。这就是说，哲学探讨可以推进、丰富并增进我们的理解，这之所以可以做到，只是因为真理内在于这些观念之中，以及试图阐明它们的探索中，这些探究试图澄明这些问题，让它们配得上最深刻的分析。这些重大问题的答案并不一定要已知（并因此得到解决）才是真实的，也不一定要简化为单纯的信念、信仰行为或宗教上的飞跃。理性在揭示和展开它们的真理中扮演根本的角色。因此，我们并不是只剩下情感，也不是被丢给对这些壮丽观念尖刻的怀疑主义。

随着这种强调意义而非事实的真理观的发展，心灵生活变得独立于心理态度，思想史、发展中民族的文化实在、诗歌和
178 宗教等成就被视为理解真理的资源。除非以真理为基础，否则就不可能有重要的“心灵生活”，我们的探究已然表明这是如何可能的。大多数思想家都认为应该是这样，但这一预设在大多数情况下都没有得到审视，或者充其量只是被暗示了一下；但是，随着为了能探索我们必须是什么样的人——肯定欣悦、接受命运、承认罪责、输诚于诱惑之美——的批判性审视，以及对世界必须是什么样的——展开的历史、栖居之所、裁断庭、通过诱惑引发思考——才能作为敞开真理的现实之源被审视的理解，我们已经完成了对真理的意义完全融贯且在存在上具有重要意义的理解。我们向来总是能够思考这些问题，但现在这种思考建立在这样一种说明的基础之上，它表明这种思考是如何可能的。

为了将这一探索具体化，试想象一个虚构的原始社群。这个松散但具有关键凝聚力的小族群生活在一个强大的酋长的无形权威下，酋长的体能和咄咄逼人的气势把这个小族群紧紧地团结在一起。一天，群体中的一个成员拿了另一个成员的一张兽皮。我们不能说头一个人实际上拥有那张皮子，因为“所有权”大概是个过于复杂的概念。强壮的头领用他粗糙的武器将偷东西的人一击致死。几天之后，第二个“贼”——如果我们可以用这样一个现代的术语命名肇事者——被同样地处死了。第三个这样做的人显然也将遭到同样的处置。几天之后的一个晚上，

当这个简单的原始部落围坐火旁，一个老者用相当原始的语言提及这些事情。他首先说，先前这三个部落成员因为拿了不是自己的皮子，都叫首领杀了。部落缓慢但明确地接受了这个事实。接着这个老者设法传达他对这种处置的赞同，说，实际上，所有这么做的人都应该被以同样的方式处理。当新的概念被领悟，这一说法的真理也就进入了这一群体。最后，这位老人说他们就应该这样被处死。这是正确的。因为,他说,这就是我们。这一群体成为实在;一种新的思想展开了,一个新的真理发生了。

关键的是这一点：这位年长的智者——他以某种方式看到了，后来被称为法律的东西的意义第一次出现在群体的存在中——在指出首领处死三个肇事者这一行为的意义时，做出了 179
一件远比首领基于其膂力所做的伟大得多的事情。因为，以如此的方式解释特定行为，他展开了一个深刻的真理，一个永远改变了他们是谁的真理。正是对这一伟大——真理的伟大——的领会，标志着巨大的心灵成就。重要的不仅仅是促使我们恐惧和服从的行为，具有根本重要性的是告诉我们如何思考行为的沉静而勇敢的智慧。

当然，这个故事是虚构的。它在把实际上可能需要几个世纪才能完成的任务放在短短几天里，而这样一个原始民族根本不可能以如此简单的方式发现语言中如此强大的力量。但讲这样一个故事是为了揭示一个极其重要的要点。不管怎么说,“法”（law）这个概念的出现是真理史上的一个里程碑。它是心灵生活中的一件大事。但它并不是指强者的行为；相反，真正起领导作用的实际上是老智者的话。这就是真理的本质意义。它带来了一种前所未有的欣悦；它讲述了一个故事，赋予人们一种命运，而这种命运奇特地使他们获得了自由；它提供了一个裁断庭,由此他们的所作所为有了意义,让他们得以肯认自己是谁。它受到人们的喜爱，因为它揭示了一种美，让他们也许是第一次能看见。一个完全虚构的故事会向我们披露真理的真正价值，这是恰当的。

十四　真理与统一

一条狗被车撞了，躺在公路上可怜地叫着，它的背上 181
皮开肉绽。死这时对它来说是仁慈的，但它的机体还在继续运作。这是完全没有意义、难以忍受的折磨，毫无目的。

一个光彩照人的年轻姑娘，活力四射，貌美惊人，以大胆的活力和细腻的触键演奏贝多芬的小提琴奏鸣曲，让所有听到的人都为之感动，被带入一种愉悦晕眩的狂喜，要么臣服于她的女性魅力、精彩的演奏，要么因为贝多芬的天才。

一个年轻人，以一种恶意和嫉妒的姿态打翻了墨水瓶，漫开的污迹跟恶意盖在一张画得很棒的图稿上。这是卑劣、委琐、小气和邪恶的。但他们认为这是个意外。

电视镜头从地球轨道卫星上拍摄这颗小小的蓝色星球，在这上面，我们这四十亿个小不点在繁衍生息，污染

> 着星球，毫无意义地逝去，成为被遗忘的历史。
>
> 这位青年的生活、呼吸、梦想和觉醒都是为了艺术。他看到什么就想画什么；他的灵魂为线条、色彩、空间、形式和尺度而激动。即便是只偶然见过他的人也承认，他属于画布和颜料的世界；只有在这里，他才是快乐的。但他的画却令人生厌。他被爱和渴望所征服，却缺乏天赋。

182 我们可以分开思考这里的每一幅图景，赋予它们意义。我们有自己的范畴和划分。我们分廾与区别，从而不为一个形象闪闪发光、另一个形象归为尘土而烦恼。每个形象就其自身而言都是可思议的，被其自身的光芒照亮。为了能够被思考，它们必须被区分开。如果这些像铁丝网一样的分割带被破坏，形象就会像被释放的野兽一样倾泻而出，在混乱和骚乱中互相摧毁。我们似乎可以思考任何事情，只要它被固定在适当界限内。

但是，我们能把这些形象放在一起思考吗？琐碎的卑下和光彩的荣耀应该以某种方式被放在一个世界里，这难道不是智者的最高期望吗？如果每种想法都有自己的茧，那么整个群落如何生存？但这些形象是否属于同一个宇宙？弹奏奏鸣曲的人和肆意破坏绘画的人是同一类人吗？

在上一章中，我们看到，作为一种理性的努力，哲学追求统一性。因此，这成为一个律令，肯认真理的追求者也是统一性的追求者。显而易见的是，脊椎被压碎哀鸣着的狗的世界与最优秀、最可爱的艺术的世界是同一个世界，做出区分仅仅是思想的前半部分；后半部分，也许是更困难的部分，是将为了便于处理所做的区分重新统一起来。

中世纪的思想家们会把“太一”（the One）作为和真、善并列的三大先验对象之一。现代批评家回头看这一观点时感到困惑。为什么太一这么重要？它究竟意味着什么，可以与真和善这样崇高的概念并列？在古希腊思想中，巴门尼德因其将一切归于一的突出的形而上学为人关注——这一举动或许受到遥远过去学者的钦佩，但与我们现在的直觉完全不符。我们知道苹果不是橘子，因此认为巴门尼德一定是被逻辑上的错误给弄迷糊了。今天，也许“世界”或“宇宙”等术语近似于这一统一原则，但这些术语完全缺乏在过去时代的活力和生机。从卫星上看到的地球形象也许能把我们这颗蓝色星球上的人们联系在一起，但它却把我们简化成了一个个可以替代的小点。这些小点中的一个可能是牛顿、莎士比亚、伦勃朗，但卫星无法辨别，在其参数范围内也不可能做出这样的判断。

然而，正如法庭上证人宣誓说出所有真相，哲学家被要求寻求整体的真理。这一真理不是一个无非可以通过不断在清单 183
中添加内容达成的抽象的真理，而所有的这些其实只是这个世界的局部图像。因为，我们不想知道圣人和罪人住在同一片土地上——这我们知道——相反，我们想知道如何从彼此的角度来思考他们，因为每个图像的局限性都有可能成为无论是什么的可理解性的局限性的危险，而一旦我们失去了将这些图像放在一起思考的能力，我们就完全失去了思考的能力。

因此，我们之前关于真理是关于本质的发现可能会产生误导。因为它暗示真理是各个分离和互不相连的本质的复数，每个本质都可以在完全不考虑其他本质的情况下被“思考”。但是，我们并不只是想理解母亲的本质以及语言的本质，我们想理解的是，作为母亲的孩子说话意味着什么。统一是理性真理的要求。

那么，为什么哲学史是一个愈益精分细别的巨大系列？我们给教授们发工资，让他们做出如此精细的区分，以至于只有研究生才能领会其中的奥妙。我们区分实质蕴涵和形式蕴涵，区分从物（*de re*）与从言（*de dicto*）[①]的必然性，区分平均和平等，合法性和正义性，崇高和优美，真和真理。每当哲学家被批评论点逼到墙角，他就会做出新的区分。网越织越细，离中心越来越远，直到错综复杂的程度变得与最初作出区分想要解决的问题一样令人费解。

当然，区别并非只是凭空制造的。它们是理性的发现，没有它们，一切思想都将终结。危险不在于做出区分，而在于没有说明区分的双重功能。因为理性的区分不仅是为了分离，也是为了结合。没有区分的人类行为是没有意义的；但当我们区分好坏时，人的行为（acts）就变成了举止（conduct），从而具有道德意义。错误在于，我们假定区分好坏以某种方式让后者脱离可理解的范畴。将行为视为道德行为，就是将它们统一在道德的整合原则之下；善行与恶行的划分并没有将行为与非行为区分开来，而是提供了一个单一和统一的原则，据此来思考行为的意义。将爱与情欲区分开来，并不是使两个概念互不相容，而是告诉我们如何思考这两个概念，因为爱不必完全没有情欲，

① 即与事实有关的判断和与命题有关的判断，例如，“所有的人都必然会死”说的是关于人的生物学事实，而“所有的人都会死是必然的”是关于“所有的人都会死”这个命题的“必然”性判断。

情欲也不一定是无爱的；这种区分使有爱的情欲和有情欲的爱成为可能。

我们做出区分是为了避免矛盾；我们在区别中寻求统一以成就融贯。为了能成功地思考我们是谁，我们必须在身体和心 184
灵间作出区分。但是，如果我们把这种区分推到极限，把身体和心灵割裂为两个不同的形而上学实体，那么这种差异就不再有助于我们的思考，而是阻碍了我们的思考。笛卡尔注意到了这种差异,这是对的,但他使这种差异超越了所有可能的统一性，这是不正确的。

最危险的区别可能也是最必要的区别。我们必须注意表象与现在之间的区别，然而这种区别似乎诱使所有较差的思考者陷入还原论，在这种还原论中，“表象”被视为纯粹的“幻象”。因为我可以把林肯“还原”为他的分子和原子，所以有人声称林肯“真的”不是别的什么。这些基本物质微粒之外的一切都只是表象。这种判断的愚蠢性不足以阻遏无情的坚持：我们必须区分什么是真实的，以及真实是如何表现出来的。但这是糟糕的形而上学——大多数形而上学都是糟糕的形而上学——有了这种糟糕的推理，就不可能有真理。

但是，如果我们需要所有这些精心制造并且在形而上学上是危险的区别，然而还坚持统一，我们怎能获得任何的成功？对于区分的热情显然必须加以节制，对统一的渴求必须有度，但是，除非我们知道如何节制与适度，这些都只是大而无当的说辞。区分必须小心做出，以便在区分它们时揭示深层的统一。

本章开头列出的五个场景并非只是随机的例子。选择它们是为了这里的分析。请看第一幅画面。一方面，我们作为敏感而富有爱心的人，本能地会对所描述的无辜动物受到的不必要的可怕苦难感到不快。然而，描述中包含了一个简单的句子“但机体仍在继续发挥功能”。当然，这就是问题所在。就狗这一生物的存在而言，我们必须肯定机体的自然功能。我们不会因其持续发挥功能而责怪机体，即使所有观察者，甚至是狗，都迫切希望它停止运作。因此，我们的苦恼变成了一种主观的，甚至过于浪漫和感伤。机体本应如此运作，即便狗很痛苦，那又如何？然而，这样的想法包含着巨大的冷漠，因此我们要做出区分。我们把“应该”和“是”区分开来，这样做可以减轻我
185 们的精神痛苦，让我们从矛盾中解脱出来。狗在受苦（机体继续运作）：我们可以把它作为一个事实加以肯定。狗不应该受苦：我们可以把它作为一种道德判断或伪道德判断加以确认。由于道德性与形而上学或科学是分开的，因此我们并不矛盾。理智上我们松了一口气；整个思想体系的区分策略再一次拯救了我们的思想。

但这种解脱是虚幻的。正因为我们可以在不矛盾的情况下思考这两个问题，所以我们才会试图理解它们是如何同属于一个意义世界的。两种真实的判断造成了一种张力：它是，但它不应该是。我们认为，一个喜欢画画的年轻人应该画画；但如果他的艺术水平很差，我们就会怀疑。出于卑鄙或怨恨而在精美的画作上泼墨的讨厌的人确实存在，但伟大的音乐家和美丽的人也同样存在。这些判断也会造成紧张感，而这种紧张感并没有因为使它们不矛盾的区别而得到缓解，反而加剧了。如果它们是相互矛盾的，那么其中一个就是假的，我们就可以否定它。但既然两者都可能是真的，那么它们之间的差异就会困扰着我

们的思维，要求我们接受它们。

那么，我们该如何将这些不同的图景结合在一起？是什么将它们统一起来，而又不破坏它们的独特性或差异性？怎样才能使它们骇人听闻的差异得以相容？我们对泼墨者的卑劣感到愤怒，因狗不必要的痛苦目瞪口呆，因小提琴家而愉悦，为我们的渺小与伟大而震惊。但最让我们不知所措的是，我们无法忍受自己的存在受到如此多样的思想要求的冲击。我们的诱惑是简单地做出区分然后走开；但我们最苦恼的是，这种走开是懦弱的自欺欺人。我们必须正视自己足够丰富的存在，它足以承受这一切：想死而不能死的狗，梦想演奏并且会演奏的女孩，在画上泼墨的卑鄙小人，想画画而不会画的男孩。这就是我们的存在，必须承受这些不同的牵扯，并将它们汇聚在一起。

因此，正是存在的意义提供了所有思想所预设的基本统一性。存在的意义既在区别之前，又在区别之后。作为狗的苦难重要或小提琴奏鸣曲的伟大重要的条件，我是谁重要。我之所以重要，恰恰因为这些相互矛盾的存在方式。如果我不是既是肉体又是灵魂，我就不是我——如果这个肉体与这个灵魂的霸权对抗，那么，这场战斗就是我的意义。必须指出两点：存在 186
的意义性是唯一一个足够宽广、足够充足、足够巨大的概念，像无边无际的沙漠一样铺展在我们面前，将所有不同和相互冲突的模式涵盖在内。其次，这些不同的模式反过来又成为我的存在的意义这一问题的可理解性的唯一资源。蕴含在这些差异中的悖论和浩瀚正是我思考统一性的方式。这就是思考的意义。

那么，这是如何做到的呢？我们说，真理是本质的，但真理也必须寻求存在的本质统一。探寻母亲的本质就是追问：作为母亲意味着什么？然而，这个问题的前提是一个更大的问题：“存在”意味着什么？[①]但我是通过理解作为儿子、父亲、言说者、道德主体、艺术观察者、哲学家的意义来学习“存在”的意义的。“存在”的意义在为父为子的存在中得以揭示；对儿子是什么意思的揭示就是依存在的意义提出问题。本质存在的统一性是由本质的多样性所阐明的；存在的不同本质方式只有在这种情况下才是在真理中，即当它们构拟为终极统一：存在。

这并不像它看上去的那样令人困惑。“女儿”和“父亲”只是因为更为根本的“家庭”才有可能——然而，离开家庭成员，家庭本身又是不可能的。这是综合与分析，反思表明，综合更根本。只有从本质的独特性（是什么让它特别的）来看待本质，才能正确理解本质（即真理），但本质的独特性之所以可能，又依它在哪里以及如何融入终极图景：“存在”到底意味着什么。由于我存在于其中的各种存在方式是冲突的方式，由对这些对立样式的接受而造就的动态张力关系提供了启迪，借此整体可以被洞观。如果张力不存在，就不会有思考的激情，而在富于激情的思考缺席的地方，就不会有意义存在。因此，真理所提供的统一不可能是紧张关系的解决或化解，而只可能是它的庆典。真理是一种积极而非消极的现象。归根结底，它是统一的故事的积极展开，是家园与裁断庭之间、对诱惑的屈服与抵制诱惑之间的紧张关系。理性必须做出区分，因为，吊诡的是，区分让统一成为可能。

---

① “作为母亲”与“存在”之间具体与普遍的关系在英文中可以看得非常清楚，即 to be a mother 跟 to be 的关系。

如果“终极图景”是存在的意义，它为思想和真理提供了根本的统一性，那么，任何让我们偏离这一完整性的思维方式 187
都是一种威胁。不需要什么天才也能认识到，各种反智说辞像疾病一样包围着文化主体，其作用是将人类的众多兴趣从任何集中焦点中分割和疏离出来。我们总是只见树木，不见森林。对任何哲学或就此而言任何社会，危险永远是分裂、孤立与异化。因此，对分裂的智力能量的思考是本研究的本质部分。如果上述思考是正确的，那么我们就必须牢记两个主要原则：（1）理性与真理必须是和谐的，尽管二者并不等同；（2）最终的和谐或统一只有通过意义具足的存在才能被给出。因此，虚无主义是真理和理性的最大危险，由于否认存在的任何意义，虚无主义者最终会割断真理和理性的任何联系。

但我们如何理解这一虚无主义的分裂？请看柏拉图的喜剧性对话《欧蒂德谟》，其中的推理与对真理的任何关注都是割裂的。这对臭名昭著的兄弟组合用巧妙而狡猾的论证让观众眼花缭乱，尤其是那些让苏格拉底表现出保护性关怀的年轻人和弱势群体，这些论证似乎表明聪明人其实是愚蠢的，可敬的人是不值得尊敬的。谁会不被这些狂欢式的滑稽剧所说服呢？它利用理性的阴沉指令，让我们嘲笑推理者。在这种情况下，苏格拉底式的幽默可能会拯救读者，但其潜藏的感染性仍然是凶险的，并且苏格拉底知道这一点。今天，欧蒂德谟的后裔继续让我们眼花缭乱，他们对不相关的概念玩得不亦乐乎，创造一个智力的游乐场，在这里，各种观念像气泡一样漂浮，一碰就破灭。他们以各种方式将这些没有根基的概念塞给我们——“概念艺术”就是其中之一，在这种艺术中，作品只需能够被描述就能被欣赏，根本不需要被观看；另一种情况，文学和哲学中的解构主义也是如此，在此，阅读成为自我表达的源泉，而不是学习或提升的源泉；事实上，在所有这些学科中，“新”都超越了“真”，或者把古怪和离奇与独创性混为一谈。与真理脱节的理性不过是一种愚蠢，一种令人生厌的愚蠢，它是精神的毒瘤，不是因为它能让我们发笑——伟大的喜剧艺术也能做到这一点——而是因为它贬低了一切严肃性。柏拉图和喜剧艺术家们可能会认真对待嬉戏，但他们绝不会让严肃变得嬉戏。

188 但是，如果无真理的理性是愚蠢，那么，无理性的真理就是恐怖的。因为不合理的真理就是偏执。偏执者的判断不一定总是错误的：当一个人在没有正当理由或正当性的情况下坚持一种信念时，他就是偏执者。无论是在哲学还是在治国之道上，偏执都是极权主义的。代表一种意识形态的恐怖主义——即使这种意识形态包含一定的真理，而且其灵感往往来自于对社会弊端的正当愤怒——从根本上说都是破坏性的，因为它没有思想的制衡和理性的支持。一旦人们放弃了将批判性推理与所认为的真理结合起来的需要，它就不可避免。诉诸真理而没有走向真理（理性），就退回到黑暗之中。正因如此，真理在前面的章节中被描述为有定之止而不终结探索。再次重申，最高的承诺是真理探寻者之诚（integrity）[①]，而非教义的确立。

不那么可怕，但同样致命的是，通过呼吁非理性作为良性神秘的起源，将真理与理性分离开来。令人震惊的是，许多信

---

① “诚”作为《中庸》的核心哲学概念超出一般所谓诚实正直的含义，具足形而上学的维度。

服者为了获得通向秘密、神秘或艺术启迪的特许通道赞成蔑视理性。“天地之大，远非你的哲学所能想象，霍拉旭。”哈姆莱特的话如此经常被引用来对付哲学家，你可能几乎会认为莎士比亚是早期的解构主义者。霍拉旭也许是个相当无趣的人，尽管他忠心耿耿；但哲学本身从未否认过丰富多样的理解资源，它只是坚持认为，对这些资源进行理性评估比狂热而不加批判的接受更有具真理价值。也许鬼魂真的回来敦促他们的儿子复仇，但即便哈姆雷特也坚持用自己的理性来检视鬼魂说法的真实性。

让鬼魂告诉我们他们的意愿，正如我们愿意以开放而且批判的耳朵来倾听。没有理性的真理不是什么特许通道，而只是专断的愚蠢。这种愚蠢在大多只是被口头上否定的地方大量存在，不足为奇。

无视真理和理性的形而上学思辨——或者说，将真理和理性等同于纯粹的思辨乐趣——是一种理智上的平等主义，一旦否认了真理和理性的严肃性和紧迫性，这种平等主义就不可避免。有些人会在周末建立“体系”，或在不同的信条之间嬉戏跳跃，或以宽容为借口一本正经地力促我们接受教义的多元化。189
他们声称“所有宗教都是好的”，也许他们是对的，但这并不意味着所有宗教都是真的。对他们来说，这一点并不重要，这是精神堕落的标志。他们想要的是乐趣，并愿意为此付出代价。没有什么有平等主义或冷漠主义这么低劣；她可以卖个价，而他可能把她放倒，除了轻微的羞耻之外，没有什么是值得记住的了。

另一方面，在几乎所有的封闭系统中，都可以发现真理与允许支持真理的理由之间过于亲密的关系。这种类型思维在系统中发现真理，而系统决定真理的理由。在它的负面形式中，它否定心灵的任何开放性或探险；在其最赤裸裸的正面形式中，这只是一个精心炮制的循环论证。卡尔·波普尔指出，既包含自身理由又包含其真理的体系是无法被证伪的。他提到，弗洛伊德心理学和马克思主义政治理论就是两个无法证伪的体系。这已经够糟糕的了，但这种思想应该受到更严厉的谴责，因为它不可避免地会产生一种论理嫌恶。在使用这种思维的过程中，人学到憎恨真理和理性。

第一章中提到，谬误有一千个名字，真理只有一个。也许“千”是一个夸张的说法——通常是这样，没有人会惊讶——但我们对理性与真理的结合可能误入歧途的各种方式的反思揭示了这最后一个关切的严重性。我们如何理解虚假？或者说——如果我们希望保留真与真理之间的区别，并因此将假限定在命题或信念上——我们如何理解虚妄（untruth）？

你寻求虚妄吗？它无处不在。在我们身边随处可见。上述段落提供的例子足以让我们看到虚妄是多么泛滥。但它的本质是什么呢？

我们不把虚妄等同于错误甚至不等同于无知。我们是有限的，认识到这一点，我们必须和能忍受自己的局限。犯错或无知是我们的一部分，可以融入我们的说理和对真理的热爱中。然而，我们担心的不是无知，而是被误导；不是我们的判断失误，而是我们被欺骗，尤其是自欺。这就是我们诉诸理性的理由之一。当公爵暗示伊莎贝拉她可能疯了时，她说：

190 哦，仁慈的公爵！

不要为此喋喋不休；也不要因为不平等
而放弃理性；运用你的理性
让真理在看似隐藏之处显现，
把看似真实的虚假收起。

《一报还一报》第一场第一幕

“运用你的理性让真理显现。”在这一呼吁中，伊莎贝拉不单是说理性支持我们的信念，而是说情理（reasonable）（也就是说不发疯）是真理发生的必要条件。因为虚妄就像疯狂，是一种非理性。虚妄不是假的东西，而以一种假的方式存在。它是虚无主义。因为无视真理的价值就是说真理并不重要，而这样说就是否定意义。因此，在我们是谁的问题上，我们可以自欺欺人的各种方式就成了理解真理与非真理的重要资源。虚无主义不仅拒绝真理，也拒绝理性，因此，展示真理与理性如何共存对这一探究至关重要。

本章开头呈现了五个场景。它们大多是我们日常经验中常见的普遍现象。但是，把它们放在一起就给我们提出一个问题：这些不同的现象如何才能融入一个足够宽广的图式中，以提供对思想和真理至关重要的统一性？我们注意到，每一个场景单独来看都是相当容易理解的，这一见地驱使我们批判地关注哲学上做出区分的热情。当我们发现区别通过使看似矛盾的事物变得不矛盾而实现统一时，在这种多样性中，救治与危险同时存在。区分的不当使用会世界变得支离破碎，从而失去整体的可思性。其恰当的使用则是在区别中认识到理性寻找统一的强烈要求。在这五个场景中，唯一宽广到足以将它们统一起来的概念就是存在本身。因此，伟大的统一者就是存在意义的问题。

尽管有虚无主义这个难缠的对手，真理仍然保持着一种奇
特的强健性，这使它能够奇特又引人注目地抗击其敌人。偏离
真理的方式在数目上可能多于成功的方式，但真理的诱惑力是
强大的。当我们反思造就置身真理的结构的要素时，有许多值
191 得称道者。欣悦、命运、罪责和对诱惑的输诚使我们向真理开
放大门；世界的历史、栖居、裁断庭和诱惑说明了实在的展开，
而这正是真理的意义所在；理性在统一性和理想性方面的成就
向我们展示了如何做到这一点。现在，在伟大思想家的遗产中，
我们继承了属于我们自己的武器，与虚妄的斗争虽然艰巨而充
满危险，但绝非毫无希望。为了能够抗击真理的敌人，我们需
要的就是明白直面真理意味着什么。

十五　结语

哦，勇气！您就不能同样 193
择异地而栖吗？
别只在那黄金树上
也在我惊恐的心里？

田纳西·威廉斯《鬣蜥之夜》

勇气是如此隐秘而稍纵即逝，它似乎是所有人类特性中最难以成功分析的，可勇气又像饥饿一样易于觉察和辨识。它既是所有德性中最耀眼的，同时又是最难以捉摸的。每个孩子都晓得它残酷的救赎，然而每个勇士都为它斯芬克斯式的难解所迷惑。圣奥古斯丁恳求上帝赐予他忠贞——迄未得到。谁会不恳请让勇气无限期地推迟来到呢？因为勇气就是煎熬。痛苦越大,勇气就越大。谁会想要十足勇敢？有谁真的想要它吗？

但是，对勇气的理解又能对目前真理的探索有何裨益呢？在这最后一章中，人们期待着一个总结性的综述或回顾，为什么要把读者的注意力转向一个看似新的尝试——对勇气的研究，而这似乎与真理关系不大或毫无关系？由于回答这个问题就是展开分析，在此必须请求读者的耐心，以表明这个最后的主题确实适合于试图理解真理的终极综合。

因此，我们提出的最后一项任务是，试图分离出勇气的本质——洞悉勇气的真理。但我们该如何开始呢？我们说，勇气和懦弱在于做或不做……什么？我们应该做什么？什么是恰当
194 的？如我们之前所看到的，拉克斯提出勇士的形象是“坚守岗位”，而依我们的理解，这只不过是履行自己的职责。这不是个坏的提法，但它引发了那么多的麻烦，最终必须被抛弃。关于勇气的这一“道德说明”必须被放弃，主要原因在于它弄反了。道德不能解释勇气；相反，勇气才能解释道德。与自我的具体的、存在性的直面比道德的形上思辨领域更根本，也远比单纯的对义务的“感觉”和对后果的“恐惧”的心理调查更为根本。恐惧当然属于勇气的范畴，但无论是恐惧还是显然与之对立的义务“感”，都无法说明勇气或懦弱的含义。纯粹形式化地诉诸抽象概念“选择”也不能使人理解勇气，因为不是选择使勇气成为可能，通过让选择有意义，勇气使选择成为可能。

然而，我们似乎必须假定有道德才会有勇气。因为如果有人说，勇气就是在危险面前做*应该*做的事，那么构成“应该”的东西就必须是第一位的，因而也是预先假定的。当然，我们都知道，即使在没有道德选择的情况下，也有可能表现出勇气；此外，有时甚至做不道德的事也可能表现出勇气。事实上，对英雄的最大褒奖之一就是他们的英勇行为“超越了职责的要求”，这表明这种难以捉摸的德性的超道德特征；因为如果我因为超

越职责的勇气而受到赞扬，那么，我的勇敢就不可能仅仅因为职责或恪守职责。

康德认为，唯一绝对善的东西就是善良意志，这可能是完全正确的；但他接着又把善良意志定义为完全符合道德律的东西。这一论证虽然有其高明之处，但似乎忽略了最重要的一点。这种“符合”是如何实现的？如果如康德所说，它是由“意志”实现的，那么，值得被称为善的就不是“符合”，而是使意志成为善的力量、信念或能力。但是，如果是意志以外的东西使意志为善，那么意志的善就不是绝对的，而是派生的。此外，康德把善的意志定义为符合道德律的意志，这就表明，未经诱惑、未经考验、“天生善”的意志要优于经受诱惑、烦恼而最终胜利的意志，因为后者在尝试做正确的事时偶尔会遭受失败。善良的意志之所以善良是有原因的，而这个原因必须包括与懦弱和 195
个人倾向的斗争。康德的卓越洞察力被他坚持使用的关于能力的语言所干扰。

也许有人会说，康德使用“意志”一词，是希望我们在这一概念中包含善与恶之间的斗争和张力。也许这种期待是有道理的，但康德并没有明确地表达出来。因为“意志”的语言，尤其是当它与“自然”或“自然倾向”相对时，是形而上学的语言。正如休谟和其他人所指出的，没有比所谓的自由意志与决定论之争更愚蠢的论证了。在先验认识论中诉诸认识能力也许是绝妙的，但这在形而上学中则是致命的，因为“官能（力）”会不可避免地变成“实体”，而且违反了禁止抽象物实体化的规定。这里必须指出的是，形而上学或道德主义的语言都不足以解释我们为什么会做我们应该做的事。

高贵地面对自己命运的人比将自己的选择最大化的人“更自由”。此中真理震撼我们，并在对“自由”一词的真正含义的提炼中显现出来。这并不是要赞扬某种严峻的宿命论，也不是要通过颂扬人的枷锁来支持人的阴暗面；这只是针对任何形而上学的预设或对选择的心理依赖肯认“自由”的自足性。但是，如果我们不能在形而上学或心理学的方向上获得支撑点，我们又怎能探究自由的现象呢？

根本的不是自由，而是勇气。这些困惑源于将形而上学的思辨凌驾于对我们如何存在的具体存在性分析之上。我们存在的基本方式包括懦弱和勇敢。

也许通过审视软弱的诱惑，我们会知道如何思考这些存在的基本方式。当我们面对临近的危险或挑战性的遭遇，是什么诱使我们仅仅通过无视或者躲开来回避问题？显然，让我们偏离自己的义务与荣誉的，就是那种潜伏在心里的声音，它告诉我们，自己实际上什么也不算。假如我，发抖的可怜人，离开我的阵地，这场战斗真的会失败吗？我只不过是千百个人中的一个；我的缺席不会有人注意，或至少无关紧要。向我的朋友坦白我小小的背叛？友谊是否值得这么多的痛？我配得上友谊吗？如果我贬低自己的重要性，就没有必要直面自己的失败。自我放弃或虚假的自谦是懦夫最辽愈的膏药，因为在虚伪谦虚
196 的伪装下，我们可以不需要任何勇气。就算我们失败了又有什么要紧？我们的本性难道不是如此有缺陷，如此不值一提，以至于假装自己重要到这样的程度，甚至指望我们面对可怕的痛苦，这难道不是不实的自负和傲慢吗？我们都很清楚，诱惑自己的最简单方法就是贬低自己的重要性。如果我们如此不重要，

为什么要去承受痛苦呢？

如果我们接受这种关于我们为何会屈服于懦弱的说法，那么在这种描述中，是否有什么东西指向了勇气的本质真理？如果诱使我们放弃勇气的是对自身价值的贬低，那么勇气或许就是对自身价值的接受或拥抱。那么，勇敢就是肯认我们确乎重要，我们之所以有价值只是因为我们是谁，我们可能采取的任何行动都应该来自于我们对自身存在的勇敢面对。这就是我们对怯懦的分析所隐含的暗示。还有其他暗示吗？

在莎士比亚的戏剧中，当国王理查二世开始陷入绝望，他的部属提出了一个强有力的请求：

> 奥莫勒：别慌张我的陛下；记住你是谁！
> 理查王：我忘了我自己。我不是国王吗？
> 醒来吧，你这萎靡不振的王！你这昏睡者。
>
> 《理查二世》第三幕第二场

只需回想一下他是谁，理查就能为自己的困境注入崇高感。这可不是随意找来的一段引文，《理查二世》的整个悲剧都是关于理查与自身价值的遭遇和他的退缩。那些承担向年轻人灌输敢于忍受难以言表的苦难的奇特任务的人，几乎总是试图通过唤醒新兵对自身重要性的感知，通常就是诉诸他们的传统和爱国主义。

考虑本章开头威廉斯诗中的祈求，它统领全章。诗人为什么乞求勇气？正如我们所看到的，乞求勇气就是寻求磨难，那一个惊恐的人为什么要乞求勇气呢？懦弱的人宁要一种无烦恼的生存，也不愿要虽有烦恼但有意义的生活。诗人知道，懦弱就是退缩从而变得渺小，最终就是黯然失色，无足轻重。羞耻

就是失去意义，就是放弃自己的重要性和安身立命之所。与简
单的错误行为不同，羞耻的滋味就像腐烂的水果或含在嘴里的
197 灰烬——是一种得吐出来和忘掉的东西。因此，令人难以置信
的是，我们要求勇气，不是因为我们想在某种创伤后状态中变
得重要，而是因为我们现在就很重要。我们害怕的不是痛苦，
而是遗忘。诗人乞求勇气如同乞求记忆，因为在忘了自己是谁
的时候，诗人或国王意识到意义的丧失。

因此，我们可以不揣冒昧地认为，勇敢就是正视自身存在的价值，接受负担和荣耀，你是谁是重要的，你的存在是重要的。英勇的行为源于这种根本的、存在性的对峙。

但是，在指出这一点时，我们几乎将勇气与真理等同了起来。正如我们所看到的，真理是直面意义敞开的实在，而勇气则是直面自己事关紧要的意义。这有什么区别吗？

真理跟勇气当然不是一回事。然而现在，正是它们惊人的相似性吸引了我们的注意力。但是，两个看似如此不同的概念怎么会有如此不容置疑的相似性呢？在我们不假思索拒斥这种相似性之前，实在应该提醒自己，至少像柏拉图这样的思想家就曾提出过类似的论点。

在《理想国》中，武士阶级——其可辨识的德性是勇敢——首先必经确立为区别并独立于普通市民阶级，后者在共同体中的成员资格是建立在自身利益基础上的。只有从这个孤立、稀有的勇敢者阶层中，才能挑选出一个更小的群体，他们因为对真理的爱可以统治国家。根据这一建议，只有勇敢者才能变得智慧，而真理本身只对那些严肃反思勇士的思考者才是可通达的。的确，在讨论中的一些时刻，比如哲学家与狗的比较，苏

格拉底似乎将哲学家与战士相提并论，仿佛他们之间的差异只是程度问题。

诉诸苏格拉底并不是诉诸神圣权威，尽管他的论理与这场奇特斗争漫长历史中的任何论理同样令人印象深刻。真理当然不是勇气；这两个词有明显不同的含义。苏格拉底知道这一点，而现在的探究也必须保留这种区别。但是，苏格拉底和本探究都证明了这样一种认识：正如治国者离了武士就成了光杆，真理离开勇气也是空的。正因为我们已经知道真理和勇气这两个词是不同的，所以才有可能以如此大胆的相似方式来定义它们。在勇气中，我们直面我们的意义；在真理中，我们直面作为意 198
义展开的实在，而我们在真理中的存在的一部分就是勇敢地承受我们的命运。

因此，勇气和真理都依赖于直面，所以我们必须要问：直面意味着什么？它意味着面对面正视我们想回避却不能回避的东西。在直面中，我们既被吸引又被排斥，既被拉近又被推开。因此，直面不仅仅是观察或见证，因为这些都可以是中立的；但直面必然要承受吸引和排斥这两种对立力量之间的紧张关系。在勇气中，是对痛苦的恐惧排斥，意义和整体的诱惑构成吸引。这两种相反对立力量之间的张力加剧了痛苦，因此几乎可以说，一个人需要勇气才能拥有勇气。这并非不可能，因为诗人祈求勇气，而在祈求的过程中，他已经显露了自己的勇气。[①]

---

① 在此，所谓“有求必应”不是通常所祈求的对“身外之物”的应许，而是应在“事情自身”中：如求勇敢本身就是一种有勇气的行为或者说表现。

另一方面，真理也是一种直面，因为实在的展开带来命运和罪责的重负，要求我们接受和承认。同时，它又以欣悦和美吸引着我们，也就是确信和输诚。因此，和有勇气一样，我们不是观察或见证真理，而是直面真理；这是一种主动而非被动的方式。但必须强调的是，直面要求面对的是动态的现象，因此不能仅仅理解为一种定型的关系，其本质也不能以任何非具体的、非存在性的方式来把握。

勇敢是手心冒汗、腹股间的紧张、心跳加快、呼吸急促、对退缩的奋力抵抗。这些都是身体的、具体的、直接的经验。然而，这也是与意义的直面，是对存在意味着什么的理性分析，对自由最根本可能性的确立，其中，自由意味着能够负责、有罪、举足轻重（to matter）。遭际奠基在本质上的真理与以奠基在自由上的勇气之间这种具体的同构性，是对基督教“因真理而自由”这一奇特教义的哲学辩护。真理会让我们得自由，因为在直面本质的过程中，我们揭示了我们的存在具足意义，这意味着我们举足轻重；而作为举足轻重的即是自由的，自由奠基于勇气。

因此，基于以上分析，关于真理赞美的最后一个缠人的困惑，即使没有得到确切的解答，至少也得到了回应。真理与自
199 由之间存在着一种联系：勇敢。恰当理解之下，这一关联既不是耸人听闻，也不是无节制的浪漫主义：它造就存在意义。

但是，即便是真理和自由间的“关联”有存在性的意义，为什么我们的探索要以对这样一种关联的分析为结束？说到底，勇敢不像确认或敞开那样是真理的一个要素。在真理中的与勇敢的，这两者也许存在着令人印象深刻的同构关系，但正如本研究所表明的那样，既然真理可以在完全不涉及勇敢的情况下

得到恰当的审视，那么以对勇气的研究来结束这些研究，就必须有更令人信服的理由。

在我们完成对真理的探究过程中，为了充分认识到拥抱勇敢的需要的全部重要性，我们有必要考虑一个相当令人不安的认识。许多哲学家通过指出独特的问题或扰动人心的见解，给他们的整个思考增添了某种特质或韵味，他们认为这是被视为哲学热病的核心症状。对笛卡尔来说，这个问题是无可置疑性；对苏格拉底来说，它是自我认识。尼采指定永恒轮回为他最惊世骇俗的教义，而阿奎那所关注的是与上帝的可类比性。然而，这里有一个问题——或者说可以被描述为令人震撼的一个发现——几乎没有思想家有幸提出来过，而这个问题在我看来是极为严肃，具有破坏性的意义。正是这个问题——或者这个令人震撼的觉察——说明了我们对勇敢的需要。

首先可以提出这样一个问题：我们惊人的无知和巨大的迷惑为何不能给我们提供庇护？我们知道的如此之少，并且受困于自身的局限性，为什么我们不能被免除无法实现的真理重担呢？震惊于我们的无能，难道我们就不能提出减轻甚至免除责任的诉求吗？如果我们确实是有限的，那真理的无限重担又怎能由我们来承担呢？

然而，首先把它作为一个问题提出来，只是一种温柔，因而也是一种残酷。它值得作为最可怕的觉察加以呈现，这是恳求的心灵必须正视的：我们的困惑不带来安慰，被迷惑的人并不因此而得到宽恕。据说，对法律的无知不是借口；可我们觉得，对真理的无知可以当托辞，然而我们意识到，其深刻一如我们对任何确定性的输诚，这不是借口。除了冰冷的恐惧和致

命的焦虑，我们从这种堕落的认识中还能得到什么呢？我们无法通过诉诸像孩童或夏娃那样的天真无邪来逃避真理的所有重
200 负。虽然这好像不公平，但我们意识到，置身于虚妄是不被许可的，于是，我们背负着一个没法完成的责任。

无知通常的确可以原谅。如果我没意识到将会造成的伤害，我就不能为造成伤害的行为负责。此外，我们大多数人都接受康德的论断，即“应当”蕴含“能够”——一个人有责任做的只是有可能做的事。我没有救治所有病患的道德义务，因为我不知道治疗的方法。由此看来，我对形而上学重大问题的命定无知将我从不可能的负担下解脱出来。如果我不能确定上帝是否存在，或者如果他存在，他的本质是什么；如果我不能在任何程度上确定我是否有灵魂，或自由意志，甚至在现实的巨大尺度中的作用、目的、功能或位置；如果我不能最终满意地回答任何重大的道德和伦理问题，而这些问题就像翻滚浓雾一样扑面而来，晦暗不明——那么，当然不能指望我与这些黑暗和不可征服的敌人抗争。让那些持有信念的人给出回答吧；但既然信念是多而真理唯一，那么，处在信念中的冲突不可能有解。看来，我们只能在不同于理性、知识或确定性的基础上拥有信念，因此，即使我们的信仰是错误的，也无所谓。

但这些申诉是徒劳的。我们承认对真理的义务，对这些无罪诉求不予考虑。我不像知道几何规则或糖溶于水的事实那样确知这一点；但我必须肯定它、接受它、承认它、拥抱它。冷峻面对真理的艰巨性和我们的贫乏，要做到这一点，需要一种足以与似乎不可避免的战败的险恶可怕匹敌的无畏精神。这需要勇气。但这里的“需要”一词并非空言，仿佛我们是在说勇

气是一种很好的东西。问题的关键在于，如果我们被拒绝了知识和确定性，但同时又被要求直面真理的义务，勇气就是合乎逻辑的必然。我们也许不拥有必胜的武器，但我们被赐予承受失败的勇气。被承受的失败就是被击败的失败。

这也许可以被称作直面我们心灵的有限性最骇人的觉知，因为它永远关闭了会受欢迎的两个出口：终极答案的满足，或者回到漠不关心的宁静。我们不能耸耸肩，仅仅是承认我们的无知。我们不能在宗教的一跃中找到避难所，它将我们与自己的困惑隔开。我们甚至不能在怀疑论的傲慢中自鸣得意地傻 201
笑。可以肯定，许多人的确在这些退缩中寻求不真实的避难所，但他们那些貌似的收容所是欺骗性的，他们的那些慰藉是不体面的。它们是不同形式的自欺欺人，因而也是不同形式的自暴自弃。

我们已经发现，勇气是对我们是谁很重要的根本觉知。如果冷漠、不加批判的信念和怀疑主义都会带来自欺欺人和自暴自弃，那么勇敢就是这些弊病的解药。然而，勇敢又何尝不是一种哲学武器，可以对抗虚妄的更大威胁呢？如果我们没有知识的盔甲，我们至少还有勇气这把利剑。因此，作为直面我们自身价值的勇敢，对真理的方法和意义不可或缺。现在，我们必须简要地谈谈这两个最后的问题。

*为什么是这个方法？*既然不可能超越经验进行形而上学的飞跃，直接认识终极现实，那么显然，关于真理或勇气的任何探究都必须从思考我们自身在世界中的发生开始。但我该如何提出这个问题呢？我可以问：我是什么样的事物，对它的分析会揭示真理和勇气是如何可能的吗？显然，如果我从纯粹的物

理部分如心脏、肌肉、神经末梢和大脑开始这样的分析，我不能找到答案。这并不是因为这样的探究是无效的，或者因为这样的实体不存在——它们显然是存在的——毋宁因为实情是，我们思考肌肉和神经末梢这类事物的方式完全无法为我们提供回答这个问题所需要的那种回应。

那么，假设我们扩大清单，把思想、精神、灵魂和意志等“形而上学”的实体也包括进来，这一增补也许的确会让我们更接近于理解真理和勇气的可能性，但它们作为实体的存在本身就值得怀疑。此外，它们之所以似乎能为我们提供答案，完全是因为我们将它们设计成为我们提供答案的。因此，这些尝试最终要么是循环论证，要么涉及无法验证的假设。换句话说，反对这些实体的论证跟支持它们的论证彼此彼此，半斤八两。

因此，我们被迫仅仅考虑我们存在于世界中的*方式*，这些方式是我们通过反思性经验和理性分析可以获得的。通过这种方式，我们自身之为勇敢的和我们自己与真理的遭遇对我们来说成为可通达的，就像笛卡尔自己的思考作为他《沉思录》的最终来源以同样的方式对他是可通达的。因此，我们只需问，当我们确认某事为真、接受其为真、承认其为真以及将之作为
202 真的输诚于它时所涉及到的是什么？我们反思这些模式意味着什么的能力也许是一种非凡的能力，但这种反思无疑是会发生的，而且没有理由为了进行反思而假定任何的形而上学主张。当然有可能犯错，但这些错误是可以发现的，就像任何被揭露了的错误一样，通过对论证的批判，诉诸更广泛、更丰富的经验，以及通过检测在我们的思维中投射光芒的分析能力。犯了错误，然后被发现，这一事实本身就揭示了这一事业的完整性。

因此，本探究依存在现象提出真理问题，追求由此*安顿*。这些现象似乎有四种。当然，欢迎读者用同样的方法挑战这四种现象。但关于这一选择的推理，以及对这四种现象中每一种的分析都给出了有意义的平实解说。这一步骤也表明了任何不从这四重遭际开始的真理理论说明的弱点，因此它对读者的吸引力成了判断和评估。如果读者认为通过分析欣悦、命运、罪责和美这些存在现象来进入真理探究多少有点少见，他完全可以对这些分析和阐释进行批判性的评估，但他不应该仅仅因为它具有独创性而否定整个尝试——尽管我自始至终都在试图表明，这些主张比最初看起来更加温和，甚至在某种程度上没有那么“独创”。

无论如何，最终的建言是，勇气可以照亮关于遭际真理的四重分析的每一步。这一主张给了我们机会，做最后的、结论性的回顾。

勇敢之为真理的模式。关于真理的这一分析有两个出发点：（1）真理是对问题的回答，或至少是对问题的回应，并因而终止或关闭追问；（2）追问者获得的回应在于，我们确信、接受、承认和输诚中遭遇止境（confrontation of this arrest）[①]。探寻者直击真理，而世界（作为现实）给真理意义。在此没有必要重复关于这两个出发点的论证。相反，我们将以揭示它们与勇敢德性的隐含关联的方式审视它们。

真理曰止。也即真理置我等于止境；它中止对所追求的东西无休止的探索和饥渴。这依那四种方式得到清楚表达，我们

① 语云：止，尔后有定。又曰“止于至善”。arrest 在此为“安定”义。

203 止步在跑道终点。当不容有问，毋庸究诘、探查或玄思求索，我们能做什么？我们实际上怎么做？当我达到自己的目的，我欣喜不已——欣悦；当我被要求中止追问，我接受它——作为命运；当我被揭露应负的责任，因而不能再躲藏时，我承认它——作为罪责；最后，当我在至极之光中被震撼得无言以对时，我输诚于它——作为美。而在每一有止处，我都遭遇无法超越之境，因此，我探问式的存在受到了挑战——我作为追寻者、捕食者、猎人、爱人的角色不仅停止了，而且如我们所见，被封闭了。这种封闭是一种自我接受的形式；我同时面对自己的局限和不安。在这种像是面对一面镜子的过程中，我发现了自己。但是，接受"我是谁"即通达对我是谁有所谓的存在领会。然而，如果我确实事关重要，我就无法退缩，我不得不直面自我，我必须承认，我不仅永远无法确定形而上学大问题的答案，但直面自身就意味着，我是谁，我做什么，都不再无所谓或不重要。但是，大胆接受"我是谁、我做什么很重要"，这一点正是勇气的本质含义。

接受我的命运是勇敢。坦承我的罪责是勇敢。但是，在愉悦的欣乐中肯定什么是我，在输诚于美时输诚于其所揭示的，也是勇敢。因此，直面的这四重结构揭示了勇敢的意义。

然而，勇敢对家园的重要同样也是必要的，这样就有一个裁断庭来衡量我的价值，让我的故事在命运的可怕必然性中展开。而且，输诚于不断展现的美丽的诱惑也是勇敢，这就是我意欲的世界。因此，真理的绽开中有勇敢。

所有真正的哲学探索都是经验性的（experiential）（虽然不

一定是 empirical，即“感官经验的”）[①] 和反思性的。仔细回顾一下，从第一章对真理价值的困扰人的试探性反思和第三章令人不安的真理悖论，通过对真与真理的区分，再到看到本质之为真理的恰当领域，这一探索完全是以对真理概念的反思和分析为指导的。我们在语言中体验这个术语；这意味着不仅仅只是使用它。我们在可能的组合中检验它，我们尝试各种见解，我们学会避免危险意识形态的陷阱，这些部分地是通过阅读和批判性地反思伟大哲学家之前对真理的阐述达成的。我们并不 204
回避诗人的真知灼见，甚至宗教思想家的智慧。因为，我们为什么要拒绝接触任何似乎在这一如此困难的问题上投射了光芒的资源呢？这些资源没有一个是不经考察和批判就被接受的，那么为什么要惧怕它们呢？诗人的才华或虔诚者的洞察力都属于我们的传统和遗产，因而构成了我们经验宝库的一部分。重要的是我们对这些贡献的理解，而不是它们的血统是否无懈可击。作为真理意义的探索者，我将愿意从任何来源学习，只要我能检验它、考量它、权衡它，思忖它如何融入真理意义的崇高展开中。

而崇高（grandeur），实际上是真理恰当也许是最后的品质。

---

① experience 与形容词 empircal 字面上都是“经验”，但前者可能包含后者作为感觉经验所没有的，例如，人生经验的意义。关于“经验”隐含的这一区别，德文里分别有 Erlebnis 和 Erfahrung 两个词。“非感官经验”在中文中的相应表达是“体验”“阅历”，他们并不是身体感觉和视觉的经验。

译后记
当我们说真理时，我们说的是什么？

对一般人来说，《真理与存在》这个书名给出的表层信息似乎十分简单明了，甚至是对当代真理理论发展未曾关注的哲学界同行也是如此，但这其实是出于对相关字词日常语义理解的错觉。而对真理观持缩简主义立场的英美语言哲学家来说，书名中的名词“真理”也许会触动他们敏感的分析神经，因为对他们而言，真理的真正意思不过如塔斯基（Alfred Tarski）著名的“‘雪是白的’是真的，当且仅当，雪是白的”所示为平凡断真谓述词“真”，而非传统理解上高大上的“真理”。此外，对与 truth 并列的 existence，语言哲学家可能会问，“真理与存在有什么关系？”众所周知，“存在”还是“是”，是围绕 being 一词哲学上聚讼纷纭的公案，而作者哥文在本书书名中不取 being 而明示 existence，显然有其明确的理论考虑，简单说，就是侧重 being 之为“存在”层面而非仅与认识和语言相关的“是”的意义，在人生在世的“存在”维度上探讨“真理”及其与作为“此在”的人的关系，这透露出此著与存在主义接近的理论消息。顺便指出，萨特那本身后由其继女出版的遗著书名也是“Truth and Existence”，与哥文此著同名。

本书作者迈克尔 · 哥文（1937—2018）1966 年在密苏里州华盛顿大学获得哲学博士学位后，自 1970 年起一直执教于北伊利诺伊大学哲学系，直至 2011 年 74 岁时退休，是学校的杰出研究教授。作为海德格尔研究者，他的思想与海德格尔哲学有甚深渊源，其 1970 年的处女作即为《海德格尔〈存在与时间〉评注》。本书作为其代表作，可以被视为正宗“海派”之作，不过，与一般以阐发宗师思想为宗旨“照着讲”的研究性著作不同，哥氏在学术上虽未必自成一家，却自有主张，是于海氏之学登堂入室后“接着讲”的论著。例如，和海氏更具“哲学王”意向的淑世哲思不同，哥氏为学宗旨重在淑人，表现出鲜明的肉身性特征，而在这一学术取向背后未尝没有对海氏纳粹时代“叙拉古之惑”的清醒反思。

《真理与存在》这部从书名上亦直追海德格尔《存在与时间》的著作，虽篇幅不大（英文 204 页），但学术上自成规模，是关于真理问题的系统思考之作。全书分五个部分，共十五章。第一、二部分“提出问题”和“确立论域”主要是基本概念性的分析工作，在此基础上，第三、四部分从“探索者”与“世界”主体和客体的交互角度，深入阐述了真理之为终极性生存经验以及与此相对应的世界的存在特征。全书收于最后一部分“真理与理性”，突显真理之为人类理性成就的定位以及存在层面上真理与勇气的关系。全书结构谨严，逻辑井然，作者对西方哲学诸大家的学说信手拈来，取精用宏，卓有见地。尤其难能可贵的是，抽象的哲学道理在其驱遣西方文化经典如《圣经》、莎士比亚戏剧、《豌豆公主》、《浮士德》等的通俗阐释中变得晓畅亲切。在今天，“深入浅出”往往成为对“浅显易懂”的廉价赞美，其实，摆脱专业拐杖自如言说，非参透学理臻于化境者不办，此所谓“真佛才说家常话”。哥文著作庶几近之。

本书体不大而思精，其胜义非通读全书不办，作为译者及真理问题的研究者，以下谨就哥氏本书论述之起承转合与观点精义作某种钩玄提要的工作，尤其侧重于其思想中较为独特观点的阐发。

“真”与“真理”

作为全书的核心关键词，“真”与“真理”是我们理解哥文真理观要义的基本线索，其中蕴涵西方哲学真理研究领域英美科学主义与欧陆人文主义真理观的理论张力。

Truth 是什么意思，在哲学上是有争议的。在当代哲学语言论以波兰逻辑学家、哲学家塔斯基围绕其著名的“‘雪是白的’是真的，当且仅当，雪是白的”这样的“真句子”为基础展开的关于 Truth 的形式化语境中，Truth 在“语义上行”（semantic ascent）的分析策略中被还原为作为语句（命题）特定性质的谓述词“真”的语义问题，这正是分析哲学关于 Truth 的言说之为“缩简论”（Deflationism）[①] 的基本含义。聚焦句子考虑

---

① 此词国内通译为“紧缩主义”，在此我取台湾学者候维之的译名，理由是，紧缩只表达了一个意思，缩与简表达了两层意思且“名副其实”。

Truth 揭示出这一质朴事实，即传统真理理论长期忽略的真（假）首先是我们在语言中用以规范思想的二阶语词，在此，与我们的日常直觉相吻合 Truth 的真假二值性逻辑品格得以突显，并得以展开严格的逻辑分析。此外，真（假）作为具体内容上千差万别的陈述句的先验、普遍的性质，满足哲学研究的思想要求，这些都是由真理到真的语言哲学理论转型不可抹杀的学术价值所在。然而，将“真理”缩简为“真”的处理，在深化与精细化理论的同时，终究不免简化与窄化了真理原本丰沛与深刻的内涵——在某种程度上，这也正是缩简论者的本意，在他们（比如罗蒂）看来，Truth 并不具有在哲学传统上一贯被赋予的形而上学本质，在理论上亦“卑之无甚高论”。

作为美国的欧陆哲学同路人，哥文批评语言哲学的真之理论陷于“句子迷思”，作为似乎只是从各个真命题的个例中提取出来的“抽象共名”，真理在一种唯名论的观念中最终被理解为“卑之无甚高论”的平凡语词或“冗余”之物。有鉴于此，哥文开宗明义，在书中强调“真理的意义”，援引托尔斯泰、济慈的言语和苏格拉底为真理献身的壮举为例，表明真理在整个人文与哲学传统中一直被推崇为“值得我们尊敬和热爱”的“至上观念”的事实。不过，如果我们对真理究竟是什么或意味着什么不甚了了，则任何关于真理的辩护，比如强调其外在效用价值的言说，均言不及义。因此就有了第二、三两节“真理迷思”与“真理的悖论”先抑后扬的安排。

所谓真理的悖论有两层意思，其一是真理乃“有知的无知”：与知识上的真知对治的是无知，真理则是对日常思维层面明明白白事物超越性的本质(essence)追求。这里已隐然逗出“事实”

与“意义”分野的消息;其二是对真理之“爱”在“既有又没有”之间：在此，其对莱辛在上帝右手“真理”与左手所握的“求真理”间选择“我将拿你左手握着的东西，把真理只留给上帝”的哲学解读启人深思。乍看起来，这故事是相当矛盾的。因为，如果莱辛真心实意地寻求真理，那他对上帝右手给他的真理本身的拒绝岂不是虚伪？通过拒绝上帝许诺的真理，莱辛似乎在否定探索真理的任何意义。然而，莱辛寓言提示了比那些不知道他要的是什么的人所感受到的单纯挫折远为深刻的见地，它告诉我们的是，只有无限的存在才可能把真理直接据为己有，准此，接受来自右手的馈赠的人是褫夺自己的人类性。对于我们来说，真理之爱的本质是追求而非占有，对真理的实际掌握令其价值减损，在此，“真理的悖论就是悖论中的真理”。

在第一部分主要是“破”的基础上，第二部分一上来就正式提出“真”与“真理”的概念分野作为其真理论述的主轴。首先，无论是“真”还是“真理”，均属于问题的终结者，但其所涉及的分别是 problem 与 question 两种问题，前者是需要解释和原则上可解决的事实性繁难，后者则是思辨上可理解、可阐释的意义困惑。“‘真理’所在的是这样的场域，其问题是关于在本质中所揭示的意义。‘真’所在的是这样的场域，其中知识给出最终的答案。”这是知识论与存在论的区别。在日常思维包括科学中，问题的全部意义在于其答案，而在哲学上，问题的价值远大于特定答案。前者学以致知及致用，后者学以致思。例如，柏拉图对话录中苏格拉底对诸如“正义”“勇气”“友谊”的探究是真理性的，而其对话者所给出的则是各种常识性的认知答案，苏氏对这些回答的不断质疑，以及他本身对最终定义的欠奉，给人们带来的理智上的挫折感,均可由此获得合理的解释,在此,“真理不是单单依对真答案的思考而获得，而是通过寻求对不可解决的问题即对悖论的理解获得的”。

其次，真理具足终极性（truth as ultimate），即“它是无法被直面自身之外的任何东西解释的”，而“在终结所有为什么的意义上的终极性正是真理的意思”。不过，与在知识层面的答案对问题的终止不同，在哲学存在层面的本质的真理并不消除探索——相反它打开探索，止于至善的重点不是止，而是至善。相对于“母亲”之为“女性家长”的回答，世间之有母亲这回事（真理）从而母爱的真义，超出诸如某人是否是另一个人的母亲之类有真假的问题，由此可见，将真理仅仅归约为真句子多有偏狭。

“终极性”是勾连本书第二、三两个部分的枢纽概念。在海德格尔关于“烦”“畏”等深刻生命情调的现象学描述之后，哥文拈出欣悦（pleasure）、命运（fate）、罪责（guilty）与美（beauty）四种终极性存在经验，其真理性在于，我们沉浸于“欣悦”，输诚于“美”，它们不是工具性的而是自成目的，此际我们止于至善，夫复何求？面对“命运”的打击，人的第一反应往往是“为什么是我？”[①]，但命运不可思议，没有道理，且必须承受。至于“罪责”，它不等于“罪恶”，如果一个人不能被责备，那意味着他（她）作为人无关紧要，与动物无异。在这一意义上，人之为人就是可被问责（to be is to be guilty）。与上述四条目

① 哥文有本以“命运”为主题的书,书名就是《为什么是我？》（*Why Me?*）。

相对应，哥文还探讨了人生“苦难”“自由”“宽恕”及“幸福”的存在意蕴，其思辨胜义纷呈，这里无法备述，仅举他对“苦难”的片断分析以窥一斑。一个新婚不及一年的丧妻者陷入巨大的悲痛，因为他对亡妻的爱是如此巨大。但是，如果你问她想不想从这种悲伤中尽快解脱，他会犹豫，如果喝一种类似“孟婆汤”的东西可以将过往全部忘记，对这一“痛苦解决方案”他多半会拒绝。因为，虽然他眼下的确在忍受难言之苦，但却拒绝轻易结束它，因为那暗示着淡化对方之逝的意义以及亵渎自己爱的真实性，在此，痛苦是爱的应有之义，不肯为之牺牲的爱不足以为爱。这给出的未必是知识性、满足真假二值性的真命题，却是关于人生意义真谛的深刻见地，在海德格尔的语言中，此即关于存在意义的本质真理。

以上由人之为真理“探索者”的角度切入终极性真理，但这并不意味着真理只是主体存在经验的结晶，问题是，“如果真理要是重要的，世界必须是怎么样的？”在与康德相似但相反的方向上，世界乃是解蔽真理如何可能的实在论前提，此在直面真理的方式与世界之为真理的根源互为表里。其一，“世界必须被考虑为有一个历史”，而“说世界是历史性的，就是说在世之在是通过作为故事的终极展开而变得可理解的”。在此，“真理之为故事”是对海德格尔真理之为“解蔽”的创造性阐发。其二，世界不是单纯空间性的处所，而是我们精神的归属之地，即寄托我们乡愁和展开我们命运故事的“家园”；其三，世界是有公理和正义的处所（裁断庭），其令真理重要的存在性意义是，它给予我们的存在以某种成功或失败的意义。其四，“世界最后作为真理的根据的意义是它召唤”或者说诱惑，它不是认知性的，“真理完全不是满足我们的好奇心”，作为通常意义上“不务正业”的思辨，只有存在诱惑时，对哲学或者说真理的追求才具足合理性，在浮士德、卡门乃至夏娃的故事中，我们见证的正是这样的诱惑。在此我们不难发现，“世界”的这四种意义上与主体直面真理的四种方式之间的对应性：（1）我接受命定的故事不可避免的展开；（2）我确信世界是我喜爱的家园；（3）在作为裁断庭的世界中我承认自己的罪责；以及（4）我输诚于世界的妩媚与诱惑，正如坠入爱网的人输诚于美。

至此，哥文“关于真理意味着什么的一个完全融贯，且存在层面上有重要意义的理解得以完成”。概括起来，在哥文笔下，真理并非单纯知识论 / 语言论范畴的真（知）及真命题，而是直面作为存在本质意义展开的终极实在，真理即在真理中，即在直面欣悦、命运、罪责与美这样的终极性存在经验中。但是，在上述对真理颇具经验意味的理解中，理性扮演什么角色？换言之，“在什么意义上我们可以确定，我们与本质的直面不只是一个错觉？”

真理与理性

在认知层面上，理性意味着令我们的信念为真的根据，它主要体现为对事实与逻辑的尊重，但“对本质真理的探求者来说，重要的不是‘事物’，而是意义”。在这一维度上，理性并非信念证成的形式化程序，而是关于意义真理的本质直观。它作为统一性力量，令某一观念成为可思议的。传统形而上学的思维方式是实体性的，其关于事物本质的思考聚焦于“是什么”及“怎么样”，而意义探索所关注的是“意味着什么”，如“母亲”究竟意味着什么？其结果不是得出一个覆盖关于母亲的各种陈述的囊括性概念，而是实质地阐明其各种谓述，令它们在统一的意义维度中成为可理解的，即获得关于母亲真谛的意义把握。就此而言，可以为子女牺牲自己、牺牲原则的偏爱虽得母性之直，但却未必得母爱之真，因为，对子女无条件的袒护显然并不明智，从而有违母亲的真谛。

本质真理在思维上具有柏拉图式理念论的特征，正如“美”的理念不是从各种美的东西中提炼的关于美之为美的充分必要条件，而是基于思辨想象给出的美的纯粹本质，世间各种美都基于此而确立其意义，并且由此获得美和更美的不同评价，正如“莎士比亚的精彩语言、当代历史学家的恰当语言、大学生的糟糕语言，以及网络广播公司的失败的和滥用的语言”，也就是说，如果你“把一件事情的卓越性投射到它最完美的实例上，我们就可以把它当作一种标准或范式，据此来理解不同层次的成功”：在此，真理的理性尺度既非任意，亦不像事实判断非黑即白，而是如现实世界般呈现丰富与微妙的光谱。

对真理的理解中的相对主义及其潜藏着的虚无主义前景是真正的真理理论不可回避的问题，哥文为此独辟一节“真理与统一”加以处理。如大部分情况下一样，他在文前首先列出五个场景：如一只被车压断脊椎濒死的狗因痛苦而声声哀号，此时死亡对它是最仁慈的，但其机体仍在工作，无意义地延长其痛苦；一个完全为艺术而活着的青年却毫无艺术才能；等等。我们可以通过区分而避免困惑，例如，那只狗的痛苦是“不应该的”，而其机体的持续工作则是生物本能，通过这一区分，我们的理智如释重负，但理性的要求是，“我们该如何将这些不同的形象结合在一起？是什么将它们统一起来，而又不破坏它们的独特性或差异性？怎样才能使它们骇人听闻的差异相容？”

所有这些各具张力的方面可能统一在一起的前提，是存在之意义具足，这在思维上意味着必须在统一的意义视域中将它们加以透视、获得理解。“本能”与“痛苦”的意义、“艺术”的意义最终统一于存在的意义，真理就在于寻求本质意义的统一，而存在的意义最终和作为此在“我是谁”的意义联系在一起，正是由于我，狗的痛苦、艺术追求与能力的分裂等才有其意义。其实，我本身亦具足肉体与灵魂的张力，否则我将不是这样的我。因此，理性的统一不是张力的解除或平息，而是对孤立与割裂理智的扬弃和辩证的综合。这让我们想起黑格尔《精神现象学》中的名言：“真理就是所有参加者都为之酩酊大醉的一席豪饮，每个参加豪饮者离开酒席就立即陷入瓦解。”①

真理之理性统一性正面突显真理的融贯性，在否定意义上，它坚持真理及其权威性，拒斥“什么都是有道理的”平庸理智。“无视真理的价值就是说真理并不重要，而这样说就是否定意义。”在“后真理”居然成为《牛津词典》2016年度词的当代，哥文当年对真理虚无主义思潮的批判充分显示其思想敏锐性。

---

① 黑格尔：《精神现象学》，上卷，贺麟、王玖兴译，商务印书馆，1981，第30页。

真理、勇气与自由

对于我们绝大多数人来说，哥文全书“结语”收束在“勇气”上，近乎匪夷所思，他明白我们的疑虑：“理解勇气对当下关于真理的探索可能会有何助益？”因为它“似乎与真理关系不大或毫无关系”，这取决于我们对“勇气”这个词存在论而非一般道德意义的理解。

勇气不是一般意义上的勇敢或者胆大，例如，初生牛犊式不知轻重、不内含胆怯的勇猛称不上有勇气，这和久经沙场的老兵的勇气不是一回事。但后者也许仍然只是某种道德意义上的德行，或者明知胆怯未必是面对危险的正确选择的明智，与哥文在存在层面上立论的勇气仍有一间之隔。在经验层面上，勇气总是与某种危险相关，此际，来自他人或者自身“勇敢点”之类的道德性鼓励其实未必管用：因为我就是怕嘛，就像我就是在发烧，所谓“勇敢点”的意思等于让我“把体温降一点”。而且，知道害怕对于身处危险中的我们甚至是某种具有进化优势的事，那些不知害怕者的基因大概率已经被淘汰了。

那么，勇气的意义何在？在于它在根本上涉及“我是谁”的存在规定。“引诱我们背离勇敢的是对我们自身价值的贬抑”，“假如我，发抖的可怜人，离开我的阵地，这场战斗真的会失败吗？我只不过是千百人中的一个；我的缺席不会有人注意，或至少无关紧要”。而“如果我们无关紧要，为什么要承担痛苦？”然而，在存在的根本层面上，每个人都是独一无二、不可替代地重要（matter）的。在此，“泯然众人”对自我存在不诚，是典型的自欺，“大胆接受我是谁以及我做什么至关重要正是勇敢的本质意义”。总之，无所依傍也无可推诿作为自由的本真含义如卢梭所言与生俱来，而自由作为你可以被追责的前提蕴含对你独立主体人格的承认与尊重，因此，存在上要是重要的必定同时是自由的，而“勇敢就是承认我们确实重要，我们的价值仅仅在于我们是谁，我们可能采取的任何行动都应该来自于我们对自身存在的大胆直面”。

真理乃存在意义的展开，这一展开不是旁观者——这是认识论的基本视野——眼中一朵花的绽放，而是个体实际参与其中之事，因为这不是它（花）的实存，而是我的此在。因此，存在真理之于我们同时意味着我们在真理中，按哥文的论述，在真理中即在对欣悦、命运、罪责和美“悲欣交集”（此弘一法师临终绝笔句）的确信、接受、承认与输诚中，正是在践履的维度上，勇气乃活在真理中不可或缺的觉悟，从而也是其有机组成部分。

哥文关于勇气的存在论论述，与福柯晚年关于在现代认识论理解中被遗忘了的古代哲学的精神遗产的揭示可谓同规共贯。在知识中心主义的视野中，对自然与社会奥秘的探索诚然是艰辛的，但对勇气则无所要求。为认识真理，认知主体要做的是切断感官及一切非认知因素的联系，将“自我建构为纯净的目光”，以便看清真理。[①] 但“在笛卡尔之前，一个人应当是纯洁的、有道德的，否则便不能知晓真理”[②]。这就是福柯拈出的古希腊

---

① 福柯：《说真话的勇气》，钱翰、陈晓径译，上海：上海人民出版社，2016，第 105 页。

② 参见布拉德·埃利奥特·斯通：《主体性与真理》，见狄安娜·泰

哲学中长期湮灭无闻的斯多葛派与伊壁鸠鲁派的传统。在后者看来，勇气是直面真理或者说活出真理的德性前提，于是，犬儒派当众手淫、便溺的种种“行为艺术”不可简单以生性粗野或道德沦丧视之，而是出于这样的人生信念：“真的生活首先当然是一种无所隐蔽的生活”，“这种生活可以赤裸裸地面对一切光亮，面对一切人的注视”而无所愧疚。① 此外，勇敢之于真理另一重要方面，是在公共领域中不惮冒犯众人尤其是权威，敢于说真话，“犬儒主义的稳定特征就是直言的人”②。“没有危险，便不会有直言”③，尼采一针见血地说，“绝大多数人生活在谎言中，不是因为他们不愿生活在真实中，而是因为还没有准备好承担牺牲”④。对真、善、美与人的不同关系，丁学良有一个很细致的观察：善“基本上就是做好事”，与人为善；美亦人畜无害，“但是‘真’不一样，真在大部分时候是伤害人的，因此真是最不受欢迎”。由于讲求真、维护真、捍卫真往往意味着付出不同的代价，这往往使得人不得不在真上面打折扣。

勇气与真理关系的另一层面，是真理的无限性与我们作为有限理性存在之间的不对称。作为在世之在，存在对于我们来

勒编：《福柯：关键概念》，第 181 页。

① 福柯：《说真话的勇气：治理自我与治理他者 II》，第 183 页。

② 福柯：《说真话的勇气：治理自我与治理他者 II》，第 138 页。

③ 布拉德·埃利奥特·斯通：《主体性与真理》，见狄安娜·泰勒编：《福柯：关键概念》，第 186 页。

④ 布拉德·埃利奥特·斯通：《主体性与真理》，见狄安娜·泰勒编：《福柯：关键概念》，第 195 页。尼采明确将真理与勇气，谬误与胆怯联系在一起。参见伯纳德·威廉斯：《真理与真诚》，第 20 页。

说永远有无法完全参透的奥秘，即便是对于原则上向人类展开的存在意义，其时间尺度与整个人类共始终，对于作为具体历史存在的此在，我们同样面对“生也有涯，知也无涯”的困境。然而，这里的要点是，假如我们在真理方面被知识与确定性拒之门外，那“勇气就是合乎逻辑的必然”，“我们也许不拥有必胜的武器，但我们被赐予承受失败的勇气”。在此，“被承受的失败就是被击败的失败”。这当然又回到关于人自我价值与尊严的觉知，从而“亦余心之所善兮，虽九死其犹未悔”。

只有在存在论的识度上，真理之于人类究竟至极的意义才能获得本体性的奠基，如此这般的真理在超越日常思维与功利效用的层面上具足内在、自足价值，并且由之与存在的勇敢之间确立联系，这是哥文在海德格尔等先哲的基础上“接着讲”的真理给我们的主要理论启示。

哥氏的意义及其他

尽管哥文的哲学造诣与成就在美国哲学界行内学者中已获得一定程度的肯定，例如，美国海德格尔研究的权威之一，莱斯大学的史蒂文 · G. 科洛威尔（Steven G. Crowell）教授在对哥文《真理与存在》的推荐语中称道，其“在存在论思考方面极富价值的贡献”；他在美国各大出版社共出版的著作总计有十三本之多。但对于国内学界来说，哥氏可以说基本上籍籍无名——我只在张汝伦的《〈存在与时间〉释义》中看见其提及哥氏处女作《海德格尔〈存在与时间〉评注》，曰“要言不烦，可观之处不少”。考虑到欧陆哲学在美国的非显学地位，以及哥文其人其学非学院派的姿态，中文世界对他不甚了了其实亦属正常。但这恰恰是他——至少在我看来——值得被引介的一个理由：拾遗补阙。当然，更重要的理由还是哥文其文内在的理论价值。其实，即便在美国哲学界，哥文的影响也——根据科洛威尔教授在回复我的邮件中所说[①]——“十分有限”，因为“他从不参加学术会议”，因此，在美国海德格尔研究圈子里，科洛威尔“从没见到有谁在著作中引用过哥文的著作”。与此相映成趣的却是，哥文的书“肯定卖得不错”，因为“老见到它们不断被出版”。

哥文在学术上以海德格尔阐释初试啼声，其三十三岁时推出的处女作已然是学术上相当成熟的作品，它在初版十九年之后（1989）再版，此外，此作还有日文与法文译本行世，这些都表明了学界对它的肯定。《真理与存在》这本几乎正好是前书再版之际（1990）出版的著作，是哥文教授盛年期作品，同时也是他的代表作，其后出版的许多书如《存在的历险》《为什么是我？》《叩问神秘》等基本上都是在此书的基本理论框架基础上的进一步阐发。在其处女作和其后的十几本著作间可以清楚地看到这位学者由海德格尔“照着讲”到“接着讲”的清晰轨迹，而《真理与存在》正是其处女作发表二十年后的转型之作。

此书之胜义已见于书中以及笔者以上或许语焉未详的介绍，而哥氏在学术上最具特色也是最值得注意的，是他于海德

① 此处及后文中关于哥文的内容均出自科洛威尔教授 2024 年 6 月 24 日给我的电邮。

格尔能入乎其内又出乎其外，为后学尤其是今天开始注意汉语哲学如何说自己的话的我们，提供了一个足资借鉴的样本。就学术地位论，哥文显然并不属于海德格尔式开宗立派的人物，他虽然在海德格尔门墙之内，但自其处女作之后不再以海氏理论按部就班的研究解说立身，他在《存在与时间》之后以“真理”替换“时间”为理论议题，其对“真”与“真理”的分殊，尤其是在“欣悦”等终极存在处境中与真理直面的现象学阐发，让我们对海氏拈出的真理之为“解蔽”的要义有更亲切与中肯的理解。学术研究中循规蹈矩之研究应该说是常态，非如此，学术界将与每个人自说自话的精神病院无异，但正所谓差异即重复，照着讲不是照着念，它与接着讲其实是一致的，亦步亦趋有时反而是离经叛道，齐白石所谓“学我者生，似我者死”，不但对后学如此，对一派学术的传承及其生机而言，也是这样。

“接着讲”不光反映学术眼光，更重要的是“怎么讲”。哥文于处女作出版二十年后令人耳目一新的转型之作，其间学思历程我们不得而知，但二十年的功夫不容小觑。从其此后著述的实际情况看，哥著在论述上表现出不囿于海氏一家之说的理论自觉与学术功力，对西方哲学史尤其是柏拉图、叔本华、尼采及康德诸家思想信手拈来、取精用宏，如果说这是哲学家的基本功，那么，他对西方文化典籍举凡《圣经》及戏剧、小说、诗歌作品的援引、阐发，非在哲学上探骊得珠者不办，在此，深入浅出的真义是唯真佛能说家常话，而其出入海德格尔乃至哲学内外的为学之旨与宋代陆游“功夫在诗外”的诗教可谓异域同心。这告诉我们，再深奥的哲学家均与其前辈尤其是时代主题间存在着若隐若现的对话关系，在后一方面，哲学理论并非与科学、文学乃至宗教思潮绝缘的孤明独发，而是惺惺相惜乃至遥相呼应的同行者，海德格尔明言哲学与文学、艺术的“姊妹关系”（《形而上学的基本概念》，第9页），哥氏援非哲学文本人哲学论述，深得海氏思想的真谛。因此，哥文之为“海派”哲人，其著述不以海德格尔文本字斟句酌的注疏为鹄的，全无浅学者死于句下的局促，为我们的海德格尔研究提供了可以琢玉的他山之石。

哥文此书从书名到内容均是严肃的学术论著，但通篇无一脚注。其实，除了1970年的处女作即《海德格尔〈存在与时间〉评注》和1972年的《冬、友谊和罪：自我探索的源泉》外，他出的包括本书在内的其他十来本论著都是如此。这当然不是因为作者是游谈无根之辈，而是有其理论考虑。试想古希腊先哲尤其是柏拉图对话录何尝是今日千人一面的论文体，而恰恰在彼时哲学在日常生活中保持着活跃的存在和旺盛生命力。哥氏颇具古希腊遗风的哲学书写的匠心所在，当于此观之。哥氏其学表现出并非纯粹为学术而学术的淑世抱负，与此同时，哲人应世与其他行业者不同，毕竟又是以其哲学思想为安身立命之本，这又是哥文与一般所谓哲理散文的深刻区别，大致说来，后者通常不以哲学为意，只是哲学地言说各种人生与社会话题，而哥文虽然努力化哲学以“家常话”，底子里却依然是哲人本色，其论著均立足于特定的哲学性论题的系统展开，从而首先对专业哲学研究者有不可忽视的学术价值，科洛威尔教授称道《真理与存在》“在存在论思考方面极富价值的贡献”，诚非虚言。顺便指出，科洛威尔在北伊利诺伊大学读研究生时，哥文是他的硕士论文指导老师，他修了哥文开的每一门课，他们常常在哥文家中讨论哲学。在科洛威尔眼中，哥文是个很棒的老师，虽然在有些学生眼中显得有点高傲。在学术上，他是个特立独行的人。他那些不囿陈说的观点虽然乍看起来匪夷所思，但最后发现还是他对的时候多。因为这些都是他细读经典、深思熟虑的结果。总之，“他的确是个为真理和美而活着的人”！

翻译与研究乃至创作的关系，是众说纷纭的话题。除自身学术兴趣的考虑外，我一直视翻译为功德之事。对于以中文为母语的读者来说，外文中译为人们提供了便捷的阅读文本。再好的译文诚然终非“原汁原味”，但信达之作其实可以满足一般的研究要求。我的体会是，在句子层面上，阅读原文的确更真切甚至更易懂，但在文本层次上，情况似乎就反过来了。外文阅读不但速度通常不如母语，并且不像母语阅读那样从容，可以在行间游刃有余，有一种整体通观性方面的理解优势，至于字词与文字的关键处，则不妨复按原文，无伤大雅。

如前所言，如果不是借助中文译本，哥文这一“级别”的作者恐与国内学界和一般读者失之交臂。就此而言，翻译与传统学术中的“选学”及“目录学”其实颇有会通之处。我自己于2005年前后在芝加哥大学周边的二手书店购得此书后也曾将之经年“束之高阁”，直到2010年左右于“真理缠身”之际方才“相见恨晚”地“一见倾心”，“车马轻裘，与朋友共”是我立意翻译其书的心情，希望它不只是我的一厢情愿。

译者
厦大海滨东区“仁智近处”
2024年1月11—13日